元刑事が教えるウソと心理の見抜き方

森 透匡
Mori Yukimasa

明日香出版社

はじめに

元刑事が「ウソ」や「人間心理」の見抜き方を教えてくれるの？

どんなテクニックなんだろう？

おもしろいかも？

あなたはこんなことを思って、本書を手に取ったのではないでしょうか。


私は警察官として約28年、そのうちの約20年を刑事としてすごしました。

刑事時代は詐欺、横領、選挙違反、贈収賄事件などを扱う部署が長く、政治家、経営者、公務員、銀行幹部、詐欺師など2千人以上の取調べや事情聴取を行い、その経験の中で「ウソや人間心理の見抜き方」を体得しました。


そして平成23年に独立起業し、そのスキルが学べる「刑事塾」を開講しました。

この「刑事塾」は、講演、企業研修などの形で全国400か所以上で開催し、1万人以上の経営者、サラリーマン、主婦の方が聴講して学んでいます。

刑事に必要なスキルは言うまでもなく「ウソを見抜く力」です。

刑事が相手にするのは犯人、目撃者、情報提供者など多種多様ですが、全てを正直に話してくれる人ばかりではありません。つまり刑事は「この人は本当のことを言っているのだろうか？」「この事件の真実はどこにあるのだろうか？」「この証拠は本当に事件と結びつくのだろうか？」などと、常に真実と向き合いながら仕事をしているのです。


では、刑事はどうやってこのスキルを体得しているのでしょうか？

実は我が国の警察では、警察官に「ウソの見抜き方」を教えていません。

「え、なんで？　じゃあどうやって学んでいるの？」と不思議に思うでしょう。それを教えない理由は「ウソの見抜き方は現場体験の中で学ぶもの。そもそも他人に教えられるものではない」と考えられているからです。

これは、ウソの見抜き方を体系的、理論的に教えている人がいない、という裏返しでもあります。

警察大学で学んだ私ですら、「ウソの見抜き方」を一度も教わったことがありません。

残念ながら刑事歴数十年というベテランも自分のスキルとして持ち合わせているだけで、体系的に教えることができないのです。「個人のスキル」で終わってしまっているのです。これは本当にもったいない話です。

私が「刑事塾」を主宰して、「ウソを見抜くスキル」を世の中に広めようと思った理由は2つあります。

ひとつは「民間ビジネスの世界でこのスキルを使ってもらいたい」ということです。ビジネスの世界に足を踏み入れた私は、このスキルを最大限活用しています。

商談相手が本当のことを言っているのか知りたいとき、採用面接で応募者の本質を見抜きたいとき、詐欺師が騙そうと思って近づいてきたときなど、私はこのスキルで判断をしています。

そのため、交渉もうまくなり、いい結果が生まれます。

もうひとつの理由は、「現役の刑事の世界で使ってもらいたい」ということです。

警察組織が部外の講師に教わることはかなりの抵抗感があるでしょう。

しかし、私は元刑事です。28年間、警察官として奉職しました。私の培ってきたスキルを体系的に教え、再現性のあるものにしたら、きっと現役の刑事にも役立つと思うのです。

その結果、刑事の取調べ技術も向上しますので、悪い人間を見逃すことがなくなり、我が国の治安は良くなります。それが私を育ててくれた警察組織に対する恩返しになるのではないか、と思うのです。


本書を手に取ったあなたは、この「ウソを見抜く力」を身につけることができます。

本書を読んで刑事のスキルを学び、ビジネスを発展させて頂きたいと思っております。

本書との出会いが、あなたの人生に大きな変化をもたらすことを期待してやみません。

森　透匡

元刑事が教える ウソと心理の見抜き方 ● もくじ

第3章　刑事が使うウソの見抜き方

第4章　採用面接でウソを見抜く

第5章　商談でお客様の心理を見抜く

第6章　部下の心理・本音を見抜く

第7章　ウソつきや詐欺師に騙されないために

○カバーデザイン　鈴木 大輔・江﨑 輝海（ソウルデザイン）
○本文イラスト　平松 慶

第1章

刑事のスキルはビジネスに使える！

刑事の仕事はウソを見抜いて当たり前

あなたが刑事ドラマでよく見るシーン、それがまさに刑事の仕事です。「取調べ」「事情聴取」「尾行・張り込み」「聞き込み」「犯人の逮捕」「家宅捜索」……。その中で特に重要な仕事が「取調べ」や「事情聴取」という「人から情報を引き出す作業」です。

この作業の難しさは、「相手が真実を話しているかわからない」という疑問からはじまることにあります。

まずは、犯罪者。彼らは基本的にウソを言います。誰しも自分の身がかわいいからです。犯罪者は「自分だけが悪いわけではない」「他に比べたらたいした悪さではない」「少しでも罪を軽くしたい」と思います。自己防衛本能が働くからです。私の経験から言うと、**犯罪者が心底本当のことを話してくれる確率は、全体の60%程度です。**

それから被害者。被害者感情から「絶対に許さない」という強い気持ちになります。詐欺などの被害にあった場合、自分の落ち度を知られたくないという心理も働きます。そのため、被害程度を誇張したり、デタラメを言うこともあるでしょう。

さらに被害に遭っていないのに、特定の人を罪に陥らせるためにウソを言う人もいます。

最後に目撃者などの参考人。もちろん積極的に協力してくれる方もいますが、そんな方ばかりではありません。

「忙しいから事情聴取を早く終わらせたい」「何度も呼び出されるのは面倒だ」と思っている人もいます。つまりウソはつかないまでも十分な説明はせず、その場に合った適当なことを言う人もいます。

そう考えると、**刑事はこれらの捜査対象者が「真実を述べているかどうかを判断する能力」がどうしても必要になります。それが「ウソを見抜くスキル」なのです。**

ウソを見抜くのが難しい人とは？

私は知能犯担当の刑事が長く、いろいろな職種や立場の方の取調べや事情聴取を担当してきました。その中でも特に難しかったのは政治家や経営者でした。

一国一城の主は背負っているものが違います。ウソは背負っているものの違いで強固にもなり、軟弱にもなるのです。

例えば、県会議員や市会議員などの政治家。

彼らは辞任したらタダの人です。立候補するにあたり、大きな借金をして選挙に臨み、苦労してやっと当選したのかもしれません。そして掴んだ議員報酬は1千万円以上になることもあります。それが辞職したらゼロになります。家族がいたら、明日から路頭に迷ってしまいます。

ですから、「怪しい橋を渡っても捕まらなければ……」と考える方もいて、いざ取調べになると必死に抵抗します。

まして彼らは市民、県民から選ばれた代表です。彼らの背後には何千票、何万票の支持があります。その時点で彼らは一般人とは違うという自負がありますし、市民の立場で役所を監視監督するという意識もあります。というわけで、簡単に事実は認めません。その結果、取調べも困難を極めるのです。


経営者も同様です。

個人的に起こした犯罪について擁護する気はありませんが、談合や偽計競売妨害などの犯罪は会社の利益のために行うケースがほとんどです。そのため、**そもそも悪いことをしたという意識が薄くなります。**

その上、仮に検挙されると公共工事の指名停止処分や、社会的信用の欠如などあらゆるハンデを背負うことになります。その結果、下手をしたら倒産するかもしれませんし、家族同然の社員も解雇せねばなりません。当然ですが、簡単には認められないので抵抗するのです。

人間というのは失うものが大きければ大きいほどウソが強固になり、結果としてウソが見抜きにくくなるというわけです。

また、「男性と女性ではどちらの方がウソがうまいか？」という質問をされることがあります。私の個人的な経験からすると、**女性の方がうまい**と思います。

取調べの場面では、男性は目を反らして視線を合わせない方が多いのです。ところが女性は逆に目を合わせてくる方が多い。**女性は刑事の顔を見ながら「自分のウソが見抜かれていないか」を見抜こうとしている**のでしょう。ですから私は、女性の取調べは苦手でした。

生物学的な視点からも、それは言えます。

男性は怪しい人物や危害を加えようとする人物が近寄ってきたら、腕力でカバーすることができます。ところが女性は腕力では身を守れません。ですから、直感や匂いなど五感の作用を総動員してウソを見抜いたり、ウソをついたりして身を守ることになるのです。妻の直感が鋭いのは、そんな理由なんですね。

やはり女性にウソをつくのはやめた方がよさそうです。

ウソの見抜き方は教えてもらえない

刑事にとってウソを見抜くスキルは極めて重要です。

では、刑事はどうやってそのスキルを学んできたのでしょうか？

アメリカでは、ＦＢＩやＣＩＡの元捜査官が「ウソを見抜くスキル」を教えるコンサルタント会社を設立して、現職の警察官に教えているケースもあります。しかし、私の知るかぎり、我が国にそんな会社はありませんし、そもそも警察学校ではウソの見抜き方を教えていません。つまり、**我が国の刑事は実体験と独学で学ぶしかない**のです。


世の中には、ウソを見抜く必要性が高い職業はたくさんあります。

例えば、公務で言えば警察官を筆頭に、国税調査官、海上保安官、自衛官、それらに加えて許認可が絡む役人などは全てそうですよね。民間では、金融機関の与信担当者、空港の保安検査の警備員、企業の採用面接官……挙げればキリがありません。

実はこれらの方々も、ウソの見抜き方を誰からも教わっていません。自分の実体験と独学で学んでいるのです。これは、**我が国にはウソを見抜くスキルを学べる風土や教育制度がない**ことを物語っています。

以前、私の後輩で現職の刑事が、私の主催するセミナーに参加しました。彼は「後輩の刑事からウソの見抜き方を聞かれても教えられない。だから、森先輩に教わりにきました」と言うのです。

つまり彼は、なんとなくウソを見抜いていますが、体系的な理論としては構築されていません。だから後輩に教えられないのです。セミナーに参加した彼は「すごく勉強になりました。現職に教えてあげて欲しいです」と言っていました。

このように、警察官も含めウソを見抜かなければならない方々のスキルが向上できたら、仕事の成果はもっと上がるはずです。私は、このスキルがどんどん世の中に広がることを望んでいるのです。

ウソが見抜ければ、交渉はうまくいく

「ウソを見抜く」というスキルは、どちらかというとネガティブに聞こえがちです。私は大手企業でも研修を行っているのですが、「お客様を疑っているような研修テーマですよね」と言われることもあります。また、「採用面接でのウソや人間の本質の見抜き方」というテーマの研修でも「応募者を疑ってかかるようでかわいそうだ」と感じる方もいるようです。

これは「ウソを見抜く」ということが、「相手が本当のことを言っていない、つまりウソを言っていること」を前提としているからです。「商売には信頼関係が大事なのに、その信用を鼻から疑っているとは何事か」、そんな意味合いにも捉えられます。

しかし、もし**相手のウソが見抜けたら、正しい情報を得ることができます。その結果、正しい判断ができるため、自分が求める最善の結果に近づくことができます。**当然、騙されることはありません。
たとえ完全にウソを見抜けなくても、相手からウソのサインを読み取ることができたら、そのあとの交渉は注意を払うので質問内容も変わり、交渉力は向上します。

交渉に必要なコミュニケーションスキルとして、説明力、表現力、傾聴力、質問力、説得力など個別のスキルがありますが、これらに加えて「ウソを見抜く力」を身につけましょう。そうすることで、**有利な状態で交渉や商談に臨めることができるようになります。**

つまり、「ウソを見抜くスキル」は決してネガティブなスキルではないのです。それを理解してください。

「刑事は制服の警察官よりエライのか？」

刑事ドラマでは、殺人現場に私服刑事が現場に到着すると、現場保存中の警察官が敬礼をして迎え入れるシーンがあります。あれを見ると、刑事の方が偉そうに見えますよね。その影響もあるのでしょうが、「制服の警察官より刑事の方がエライのか？」と質問されることがあります。

その答えは……刑事が偉いということはありません。

そもそも警察は階級社会なので、上司と部下は階級で区別されています。巡査からはじまって巡査部長、警部補、警部、警視、警視正……の順番で偉くなります。ですから制服の警察官が「巡査部長」で、私服の刑事が「巡査」ということもあります。そのときは、制服の警察官の方が階級上は偉いということになります。

刑事は専門職ですから、イメージとして警察官より偉く見られがちなのかもしれませんね。

ちなみに警察組織で偉くなるには、毎年定期的に行われる昇任試験に合格しなければなりません。階級上、警視正以上が国家公務員になり試験はありませんが、巡査部長から警視までは試験で昇任していきます。ですから警察官は生涯にわたり、勉強しなければなりません。

警察官の家庭では娘や息子が大学受験、お父さんは昇任試験で机を並べて勉強ということが普通にあります。私も学生時代よりも警察に入ってからの方が勉強をしたように思います。

昇任試験の内容は予備（S・A試験）、一次（論文試験）、二次（面接、点検教練）が一般的です。法律を使う職業ですから、憲法、刑法、刑事訴訟法はもちろん、道路交通法、風営法などの特別法も勉強する必要があります。

階級社会の優れた点は年功序列ではなく、実力社会だということです。ですから先輩を簡単に追い越すことができます。やる気のある人間にとっては、非常にいい制度だと思います。その代わり、若くして偉くなると先輩ばかりが部下になり、これをうまく使っていかなければなりません。

警察幹部は自然とマネジメント力も身につく組織なんですね。

第2章

刑事が現場で使う人間心理の見抜き方

犯人になりきる

刑事の仕事は、とにかく相手の心理を読む場面が多くあります。

犯罪者の取調べをはじめ、被害者や目撃者の事情聴取など全ての活動が、相手の心理を読む作業です。この章では、刑事が現場でどうやって人間心理を読んでいるのかを説明します。

人間心理を読む場合、「目の前にいる人間」だけではなく、「目の前にいない犯人の心理」も読む必要があります。これは、見えない犯人を捕まえるための刑事の大事な作業です。

捜査の基本として「現場百回」という言葉があります。「事件は現場で起きている。基本は現場だ。最低百回は現場に行って現場に立ち返って捜査しろ」ということを言っています。

それでは現場に赴いた刑事は何をするか？　犯人になったつもりで犯人の心理で考えるのです。つまり**「自分が犯人だったらどうするだろうか？」ということを現場で推察するのです。**

例えば、空き巣事件。そもそもなぜ犯人はこの家を狙ったのだろうか？　家の外景、周囲を見て考えます。侵入口は1階のリビングにある腰高窓、なぜここから入ったのだろうか？　侵入するときに手はどこに置くだろうか？　侵入用具は何を使ったのだろうか？　部屋に侵入したらまずどこを探すだろうか？　……犯人になり代わって考えていきます。

その際、すでに発見された証拠にも注意します。証拠の点をつなぎ合わせていきながら犯人の心理と行動を推察していくのです。

この作業をしていると自分が犯人であるかのような錯覚に陥ります。**刑事は「犯行当日の現場の風景」に染まっていくのです。そこまでいくと詳細な犯人の心理も見えてきます。**

私は知能犯担当の刑事でしたので、銀行の預金元帳の数字の動きから犯人の心理を読むことがありました。

ある市役所の幹部職員が、業者に入札情報を与えた見返りに賄賂を要求し、現金100万円を貰った事件がありました。

幹部の預金元帳を精査すると、現金がA銀行に入金されたあと、翌日にはクレジットカードの支払代金として引き落とされていました。

さらに押収された領収書を見ると、高価な貴金属を現金で購入していることがわかりました。購入した貴金属の種類などから妻ではなく、若い女性、つまり愛人にプレゼントした可能性が浮上。捜査の結果、20代のクラブのホステスと交際していることが明らかになったのです。

このようなことから、幹部職員が業者に賄賂を要求した動機は、「愛人との交際費で出費がかさみ、金に困っていたから」ということが推察できました。そのあと幹部職員の供述からもそれが裏づけされたのです。

つまり、**証拠となる金の使途先を調べれば、そのときの犯人の心理が読め、犯行の動機まで見えてくるというわけです。**

自分の常識が判断ミスを犯す

目の前にいない犯人の心理を読むときに基準となるのは、「普通はこんな行動をとるだろう」という人間の行動原理と一般的な常識です。実はこれ、**推理をする刑事の社会経験や人生経験で変わってしまうことがあります。**

それを物語るこんな事件がありました。

私が警察署で当直勤務についていたときのことです。

酔っ払いのサラリーマンから110番通報があり、「帰宅途中にオヤジ狩り（強盗）の被害に遭った」と届け出がありました。そのサラリーマンは若い男に因縁をつけられて殴られた上、財布だけを強奪されたと供述しました。

しかし、自分で転倒して怪我をしたのにウソを言っているのではないか、という疑いが浮上しました。

それは話の節々に「うちは恐妻家である」ということを漏らしていたからです。奥さんの手前、転んで怪我をしたとも言えず、とっさに虚偽の被害申告をしたのではないかという疑念が出てきたのです。

そして奪われたという「財布」の中には、現金がほとんど入っておらず、上着のポケットやズボンのポケットに札と小銭がバラバラに入っていたと言います。

被害者の供述によると、居酒屋をひとりで数軒はしごして、その支払いの度に1万円札や五千円札を出したのですが、釣りの札と小銭は財布に入れず、その都度、上着やズボンのポケットに入れたらしいのです。

そこで酒を一滴も飲まないA主任が疑問を口にしました。

「釣りを貰ったら、財布に入れるのが普通じゃないのか？」

「なぜ上着やズボンのポケットに入れる必要があるのか？」

おわかりだと思いますが、これは酒を飲まないA主任の常識に照らし合わせての疑問でした。

酒を飲む人ならわかるはずですが、特に泥酔しているといちいち財布に入れるのも面倒になり、釣りを上着やズボンのポケットに入れることがあります。数日後に「あれ、こんなところに5千円が」と忘れたころに出てきて喜ぶことってありますよね。酔っ払いの常識としては当たり前ですが、酒を飲まない人からすると不思議なのでしょう。

私はA主任の疑問に異を唱え、酔っ払いの通常の行動、心理について解説してあげました。A主任は「そんなもんなのか」と納得していましたが……。

つまり、**自分の常識で相手の心理を読むと誤る可能性がある**ということです。結果的にこの男性は本当に強盗被害に遭っており、後日、現場近くに住む不良が逮捕されました。男性の供述はウソではなかったのです。

そういった意味で刑事は**日頃からいろんなことに興味を持ち、いろんな体験をすることで発想力を育て、常識的な判断力を身につけることが必要**となります。

警察の社会では、新人刑事は先輩刑事から「いろんな経験をしろ」と教えられます。パチンコ、競馬、競輪などのギャンブル、それからスナック、キャバクラなどの風俗営業店、もちろん合法的にですが「飲む、打つ、買うは一通りやってみろ」と言われるのです。体験が常識を変え、発想力を養うというわけです。

相手の言葉はウソだらけ

それでは目の前に相手がいる場合は、どうやって心理を見抜くのか？　それについて説明します。

◆非言語コミュニケーションに注目する

有名な「メラビアンの法則」をご存じでしょうか。

聞き手が相手へ好意を抱くときに影響するものは「言葉の中身」が7％で、「周辺言語」が38％、「見た目（顔の表情など）」が55％である、という法則です。

人間は言葉による「言語コミュニケーション」と、仕草や態度などによる「非言語コミュニケーション」でコミュニケーションをとっています。

我々は言語については学校で教わるのでよく知っていますが、非言語について教わることはありません。なんとなく普段の体験の中で非言語コミュニケーションを学んでいるのです。

そして、**「言語」と「非言語」に不一致があった場合には、「非言語」の方が正しいという判断をしています。**

例えば、あなたの部下が失敗をしました。失敗の原因について聞き、叱責しました。そのあと、あなたの前にきた彼は「課長、すみませんでした」とふてくされた態度で謝ってきました。さてあなたは「言動」と「態度」のどちらで社員の心理を読み取りますか？

当然ですが、「ふてくされた態度」ですよね。その態度を見て「反省してないだろう！」と激怒するのではないでしょうか。

つまり我々は「言語」と「非言語」に齟齬《そご》があった場合には、「非言語の方が正しい」ということを知らず知らずのうちに肌で感じているのです。

また、著名なイギリスの動物行動学者デズモンドモリスは、「人間の動作で信用できる順番」について、

・自律神経信号（汗が出る、手が震える、顔が赤くなるなど）
・下肢（足の向き）
・上肢（上半身の姿勢）
・意味のわからない手振り（話し手の無意識な手振り）
・意味のわかる手振り（バイバイと手を振ったり、Ｖサイン）
・顔の表情
・言語

と言っています。

つまり、彼は**一番信用できないのは「言語」**であると言っているのです。

それはそうですよね、人間は言葉でウソを言いますし、実際の心理とは違った感情を言葉で飾ることができますから。

次に**「顔の表情」**と言っています。

人間はおかしくなくても笑ったりしますよね。つまり顔の表情で心理を誤魔化します。ですから、採用面接で、ハキハキ答えてニコニコしている応募者を見て、「この子はいい！」と採用を決めると、間違いが起こりやすくなります。飾れるところしか見ていないので、騙されてしまうのです。

つまり、**人間の動作の中で自分ではコントロールできない部分に注目すると本当の心理を読むことができる**のです。その最たる部分が自律神経信号であり、下肢、上肢と続きます。

人間が飾ることのできない無意識な部分には、心理を読むヒントが隠されています。従って、刑事は捜査の現場で非言語コミュニケーションにも注目して、相手の心理を読みとるのです。

◆自律神経信号に注目する

デズモンドモリスは「自律神経信号」がもっとも信用できるとしています。これは人間がコントロールできない最たる部分だからです。**ウソをつくと顔が赤くなったり、青くなったり、手が震えたりします。**これはその人の心理を物語っているのです。もちろん緊張した場合でも、自律神経に出るので見極めが必要です。

刑事課長時代にこんな事例があります。

銀行の窓口に若い男性が新規で口座開設にきて、身分証明書として運転免許証を提示しました。窓口担当者が「口座開設申込書を記入してください」と申込書を手渡したところ、目の前で書きはじめました。しかし、なぜか**書く手が震えています。また、顔が引きつり、こわばっているのです。**

窓口担当者は最初、「緊張しているのかな？」と思ったそうです。でもあまりにも普段のお客様と違うので、直感が働き「もしかしたら何かやましいことをしようとしているのでは？」と思ったそうです。

それとなく男が提出した運転免許証をよく確認したところ、氏名の字体が微妙に不揃いです。裏から警察に通報して調べてもらったところ、偽造であることがわかりました。

まさに自律神経信号の反応に気づいた結果、犯行を未然に防いだ事例でした。

またこれは、私の交番勤務時代の事例です。

ある晩、在所勤務していたところ、「侵入盗の被疑者が逃走中」という緊急無線を傍受し、バイクで現場に向かいました。現場の近くまで赴き、周囲を注視していると、たまたま路地から小走りに出てくる若い男を発見したのです。その男は路地から出たところにあるコンビニにそそくさと入りました。私は男がきたのが発生現場の方向であり、時間的にも近接していることから不審と認め、店の前で男が出てくるのを待っていました。暫くすると男がコンビニから出てきたので職務質問を開始しました。

「ちょっとよろしいですか？」声をかけるとその瞬間、**男の顔がこわばります。**

「え、何ですか？」

「すぐ近所で事件がありまして事情を聞きたいのですが」

「あ、はい、何でしょう」

男は終始落ち着きがなく、ついさっきまで空調のあるコンビニの店内にいたにもかかわらず**額には汗が流れ出ていました。**

「身分証明書ってお持ちですか？」

「あー、ありますけど」

素直に財布から運転免許証を差し出しました。しかし、**手がわずかに震えています。**

男は質問に素直に答えてはいましたが、**顔は紅潮し、そわそわする**など通常の緊張とは違う極度の自律神経信号を出していたのです。

私は「この男に間違いない」とパトカーの応援要請を求め、警察署に任意同行しました。そのあと、この男は逃れられないと観念して事実を認め、被害住民の面通しにより緊急逮捕しました。

このように自律神経信号は無意識で出てしまうものなので、心理を読む際の大きなヒントになることがあります。

◆職務質問では足先に注目

デズモンドモリスは、「人間の動作で信用できる順番」の2番目は「下肢信号」と言っています。

下肢、つまり**下半身は人間の体から離れたところにあるので、油断してホンネを隠しきれずに出ていることが多い**のです。

ですから、当然刑事は現場で足先に注目します。

例えば、自転車に乗っている方を止めて職務質問することがあります。

「お急ぎのところすみません、身分証明書か何かお持ちですか？」「あー、免許証ならありますけど……」と手渡したときの足先を見るのです。

何かやましいことがあって**「この場を逃れたい」と思っている人間は、足先が外側を向きます。**警察官の方に向かって真っすぐには向いていないのです。顔は平静を装っていますが、心理が足に出ているわけですね。

税関の職員が入国審査でどこを見ているか？　やはり入国者の足に注目しています。笑顔で「ハロー」とにこやかに挨拶しますが、足先が外を向いていた場合、「ここから早く立ち去りたい」という合図です。

もしかするとやましいものを所持しているかもしれませんし、パスポートが偽造されているかもしれません。

日常生活でも「足先」を見ていると、いろんな心理がわかります。会社の廊下で普段あまり顔を合わせない、違う部の課長に会いました。

「課長、久しぶりですね」

「そうだね」

そう話す課長の足先を見ると、廊下の先の部長室を指しています。きっと決裁に行く途中なのでしょう、話している時間はない、と足先が示しています。

「あ、すみません。お急ぎですね、失礼しました」と言うと、「お、悪いね、また」と課長は言ってそそくさと部長室の方に歩いていきました。

つまり廊下での立ち話でも相手の足先を見れば、ここに留まって話をしたいのか、さっさと現場を離れたいのかがわかるというわけです。

また**足先は異性の心理を読むときにも使えます。**

初デートで女性と食事をします。

相手の女性の足が自分の方にきちんと向いていれば大丈夫です。しかし、足を組んで足先が出口

を向いていたり、あなたの方に向いていない場合は「早く帰りたいな」という合図なのかもしれません。

通常は足先にまで意識がいかないので、無意識に本音が出てしまうものなのです。

◆ガサ入れでは目に注目

「目は心の窓」と言いますよね。**人間の心理は目の動きで読むことができますし、その人が今どんなことに興味を持っているかということもわかります。**当然ながら、私も刑事時代は対象者の目を見て心理を読んでいました。

例えば家宅捜索。通称「ガサ入れ」と呼びますが、私も責任者として行くことがありました。家宅捜索は、裁判所から出た捜索差押令状を立会人（家人）に示してから捜索がはじまります。

責任者の私は何をするかというと、立会人と雑談をはじめます。「ここは何人で住んでいるの？」「たまには誰かくるの？」と質問しながら、立会人の目の動きに注目するのですね。

あるとき、立会人と会話をしていると立会人の目がなぜか天井をちらちら見ていることに気づきました。「天井裏に何かあるかも」と直感で感じた私は、捜査員に「天井裏をよく見てくれ」と指示したところ、案の定、禁制品が出てきて逮捕したという事案がありました。

私は国税の査察官、通称マルサにも知人がいるので同様の話を聞いたことがあります。その知人がある社長の自宅に捜索に入ったときのこと。

社長を目の前に話を聞きはじめると、なぜか落ち着きがない。会話をしながら社長の目を注視していると、窓の外の庭をちらちらと見ている。「もしかしたら庭に何かあるのかも?」と直感が働き、そのあと、庭の池の脇を掘り起こしたところ、脱税していた現金の束が発見されたそうです。

人間の心理として隠匿場所を無意識に示してしまうといういい例です。

また「スリ眼」って聞いたことがありますか?

実はスリには特有の目の飛ばし方があります。通常、買い物客の視線の先には何があるでしょうか？　それは「商品」です。これは当然ですよね。

ところがスリが興味のあるものは、お客様の「カバン」です。ですから買い物客の中からスリ特有の目の飛ばし方である「スリ眼」を見つけてスリを捕まえるのです。

これは「痴漢」にも言えます。通勤ラッシュ時、通常の通勤客と明らかに違う目の飛ばし方をしている男がいます。駅のホームにいる女性の足ばかり見ている男がいたら、それは痴漢や盗撮犯に間違いないわけです。

実は刑事はいろんな場所に紛れ込み、目の動きで犯罪者を見つけているんですね。

このように目の動きを見ていると、相手が何を考えているかその心理を読むこともできます。特に**悪事を働いている者は周囲と明らかに違う目の動きになる**ので、それを見て心理を読むことになります。

◆姿勢は何かを語る

上肢、つまり姿勢も何かを物語っています。上半身の角度は「興味の角度」とも言われます。つまり**人間は興味があればあるほど前のめりになり、興味がなければ後方に倒**

れていきます。つまり、そこで相手の心理を読むことができます。

刑事時代、取調べをしていて犯人の姿勢にも注目しました。

ウソをついているときは背もたれに深く座り、首を横に振ったり、質問に対しても無反応であることが多いのです。

ところが「それは違います」と真実を述べたいときや、「ここは弁解したい」と必死に説明するときは前のめりになることがありました。**自分に興味のある話であれば、前のめりになるのが自然な人間の仕草**なのです。

また上半身の揺れは感情の揺れでもあります。**会話をしていて縦に揺れる場合は相手の話を承認して頷きながら聞いているケースが多いのですが、横に揺れ出す場合には否定的な感情を持っています。**体で「ＮＯ」と示しているのです。

話をしていて**相手の上半身が斜に向いている場合、つまり正対していない場合も拒絶したいとか、不満や疑問を持っているケースです。**いわゆる「斜に構える」という状態ですね。

あなたも嫌いな人や苦手な人の前だと斜に構えて話すことがあると思います。上半身の姿勢も心理を物語るのです。

◆身振り手振りはウソを隠している

人間は会話をしながら身振り手振りをします。ほとんどは会話の内容を補充したり、強弱をつけたりするために無意識に身振り手振りを加えているのです。

ところが**ウソをついている人は、身振り手振りがなくなる傾向にあります。**「手が死ぬ」という仕草になるのです。

ウソをつくと頭の中で辻褄合わせをしなければならないので、頭に集中します。そうすると上半身が硬くなります。

取調べでも最初は机の上で手を組んで話していることが多いのですが、追及されてウソをつきはじめると手が机の下に隠れて見えなくなります。

「手の内を明かす」という言葉がありますよね。**正直に話している人は手を見せて、手のひらを見せて話すのです。**

嫌いな人、近づきたくない人と話すときは、腕を組むことがありませんか？　これは「あなたとは話したくないという」心理を物語っているのです。

ニュースを見ていると、たまに事件の犯人を逮捕前にインタビューしていたという映像が流れることがあります。そのとき、犯人が身振り手振りを入れて熱く会話しているのをあまり見たことはないはずです。

ほとんどの犯人は上半身が硬くなり、「いや知らないですね」「私は関係ないですけど」と緊張した面持ちで答えています。記者の質問に対してウソの返答を必死に集中して考えるので、自然と身振り手振りが少なくなるわけです。

アメリカのクリントン大統領が国民から支持が高かったのは、演説のときに身振り手振りが多く、聴衆に信頼されやすい仕草が多かったからとも言われています。

逆にヒラリーさんがイマイチ人気がないのは、聴衆に対し、横を見て手を振ったり、握手するときもお腹を相手に見せずにすることが多いからとも言われます。

仕草というのは、人の信頼を得る意味でも重要な役割をしていると言えるでしょう。

◆顔の表情

顔の表情は心理を表します。人間の顔には44個の筋肉があり、それらが組み合わさって動くことで表情になります。

日本国内では数少ない認定ＦＡＣＳ（顔面動作符号化システム）コーダーのひとりで、日本で唯一の微表情読解に関する資格を持つ「株式会社空気を読むを科学する研究所」の代表清水健二さんは「微表情」の研究家として有名です。

微表情とは、**抑制された「真の感情」がフラッシュのように一瞬で顔に表れて消え去る**表情のことを言います。その多くは０・２秒以内の出来事で、通常の会話では80～

90％が見落とされてしまいます。

人間の基本的な感情を示す表情は人間の遺伝子に組み込まれています。ですから喜びや幸せ、驚き、軽蔑、恐怖、嫌悪、怒り、悲しみを示す表情は世界のどこでも共通なのです。

事実、欧米では「ウソを見抜く」ためにＦＢＩなどの取調べの分野で大いに活用されています。

「刑事の給料は大企業並み？」

刑事は安月給というイメージがありますよね。でも、実は刑事の給料は決して安くありません。

私は今、会社を経営していますのでよくわかりますが、刑事は待遇面では非常に恵まれていると思います。

ご存知の通り、刑事の仕事は過酷です。特に警察署の刑事は昼夜問わず呼び出されて事件に対応することもありますし、週に一度は当直勤務もあります。体力的にも精神的にも非常にキツイ仕事です。ですから単純に民間の仕事と比較にはなりませんが、皆さんのイメージよりも高い給料を貰っていると思います。

ちなみに刑事の中で給料が一番高いのは誰だと思いますか？　警察署を例にするとおそらく「刑事課長」（階級は警部）でしょう（警視庁は役職構成が違うため除きます）。刑事課長は刑事課の指揮官ですから、それこそ寝る暇もなく事件に対応しています。私が刑事時代に一番やりがいを感じ、仕事としておもしろかったのは「刑事課長」でした。これは数十名の刑事を、自分の好きなように動かして犯人を捕まえることができます。これは刑事課長ならではの醍醐味です。

しかし、刑事課長を2年間も経験すると、正直なところ「もう十分」という気持ちにもなりました。

刑事課長は非常にやりがいのあるポジションではありますが、精神的負担が重い仕事です。仮に判断を誤ると人の命にも関わることもあります。

刑事課長は重責ですから手当が多くつくのが普通ですし、年収1千万円を超える者は普通にいると思います。

今思うと非常に恵まれていましたね。零細企業の経営者で常時それだけ役員報酬を貰っている人は少ないでしょう。そう考えると警察官だけでなく、公務員はどれだけ恵まれているかということを知るべきですし、今更ですがそれに見合う仕事をしっかりとやらないといけないと思います。

第3章

刑事が使う
ウソの見抜き方

ウソのサインは「話し方」と「仕草」に表れる

私は23歳で巡査部長に昇任し、すぐに刑事になりました。昇任して異動した先の副署長がたまたま本部の知能犯担当の元幹部だったので、「やる気があるなら」と本部に推薦してくれたのです。

刑事になりたかったので嬉しかったのですが、警察署の刑事課はベテランばかり。はじめての刑事でしたし、年齢が若かったのでかなりビビったのを覚えています。

この警察署では刑事の人数が少なかったため、知能犯罪だけでなく、多種多様な事件の犯人や容疑者を取調べる機会が多くありました。

前科20犯の粗暴犯、暴力団の幹部、常習の下着泥棒、痴漢をした銀行員、万引き少年など、罪名、年齢、性別、職業もさまざまです。当然ですが、犯罪者の中には自分の罪を認めなかったり、認めても罪を軽くしたいためにウソを言う者がたくさんいました。

しかし私は当初、相手のウソを見抜くことができなかったのです。悩んだ私は、休日になると図書館へ行ってウソに関する本を読み漁りました。また、先輩の取調べに立ち合わせてもらい、背後で様子を観察しました。さらに、行動原理を探るために、電車に乗ったときや買い物に行ったときなどは、人間観察をし続けました。今考えれば、かなり怪しい人だったかもしれません。

そして数年経ったある日、ウソをつく人には共通点があることを見つけたのです。私はそれを「ウソのサイン」と呼んでいます。

「ウソのサイン」は突然表れるのではなく、「刺激」によって表れます。つまり会話中の「質問」が「刺激」となり、相手の「話し方」や「仕草」に表れることがわかったのです。

最初に気づいたのは**「逆ギレ」**という「話し方のウソのサイン」でした。特に暴力団や粗暴犯にその傾向は強く、彼らは自分の立場が悪くなると必ずといっていいほど逆ギレして怒り出すのです。

「ふざけるな、若造の癖に！　偉そうなこと言ってんじゃねーぞ！」など罵声を浴びることがよくありました。

「逆ギレ」は自分のウソが見破られそうになったり、答えに窮すると相手を威圧して追及の手を緩めさせる目的で行われます。

次に「仕草のウソのサイン」があることがわかりました。このサインは姿勢、身振り手振りなどの非言語コミュニケーションに表れました。

万引きの常習者の取調べをしていたときのことです。会話をしながら手の動きに注目していると、私の「質問」のあとに左手で**「顔を触る」**のです。それも家族の話やどうでもいいプライベートの話では手は動きません。犯罪に関わる質問をするとなぜか手が持ち上がり、顔を触ります。これを発見したときは、思わず笑いそうになったことを覚えています。

「人間にはウソのサインがある」

それからは日々の取調べや事情聴取で研究を重ねました。

ウソの定義と種類

「ウソ」を辞書で調べると、「事実でないこと、また事実でないことを言うこと」と解説されています。ウソは誰もがつきますし、ウソをついた経験のない人はいないでしょう。

ウソの種類は、

- **調和のウソ**
- **着飾りのウソ**
- **騙しのウソ**
- **防御のウソ**

の4つと考えられます。

「調和のウソ」はコミュニケーションとして必要とされるウソです。

相手に本当のことを言ったらショックを受けたり、傷ついたりするところに事実をオブラートに包んで話すことがあります。

例えば、奥さんに「私、太ったでしょ?」と聞かれて本当は「だいぶ太ったなー」と思ったとします。そんなときに奥さんを傷つけないために「いやそんなことないよ、いつも綺麗だよ」と言いますね。つまりお世辞は調和のウソになります。

「着飾りのウソ」は自分を着飾って大きく見せたり、良く見せたりするためのウソです。

例えば、採用面接で使うウソです。

応募者は自分を良く見せるために着飾ってきます。着飾りのウソはウソの程度が弱いので見抜くのは難しいです。この点は4章の「採用面接でウソを見抜く」で触れたいと思います。

「騙しのウソ」は詐欺のウソです。 相手を陥《おちい》らせたり、騙して何かを得ようとする際につく悪いウソです。

違法行為を行うときに使うウソは騙しのウソになります。自分の身を守るためにも見抜かないといけません。

「防御のウソ」は自分を守ったり、人を守ったりするためのウソです。

会社に遅刻したとき、本当は寝坊なのに電車の遅延を理由にしたりする場合を言います。また部下のミスをカバーするために、上司があえてウソを言う場合もあるでしょう。

このように人間は生まれたときから大きなウソや小さいウソ、悪いウソやいいウソをついているのです。

では、人間にとってウソは必要でしょうか？

ウソがなくなってしまったら、人間関係はギクシャクしてしまいます。「ウソも方便」とも言いますし、ときにウソは円滑な人間関係を築く上での潤滑油にもなっているのです。

「調和のウソ」だけは、円滑な人間関係において唯一必要なウソになります。

ウソは どんどんうまくなる

ウソつきはウソに慣れてくるものでしょうか？　ウソを何度もついているとウソがうまくなるのでしょうか？

当然ですが、**ウソを何度もついていると、ウソをつくスキルは向上します。**心理的な慣れが出て、罪悪感も薄れてきます。もちろんウソの程度にはよりますが、うまくなるのは間違いありません。

東京都の猪瀬元知事の辞任の原因となった5千万円の資金提供問題。あの当時の記者会見を映像で見ると、発覚当初の会見と辞任間際の後半の会見とでは明らかに態度が違っています。

どう変化してくるかというと、態度に落ち着きが見られるようになります。

同じウソを何度もついていると「ウソが固まる」という現象を引き起こします。自分で考えたウソのストーリーを何度も話すことによってウソにウソが上塗りされ、どんどん真実のようになっていくのです。

最初の頃の会見は顔が紅潮し、質問に答えるときには引きつった表情になっていました。質問の答え方にも、ウソをついたときのサインが結構出ていました。

ところが後半になると、同じことを何度も話しているために落ち着きが見られるようになったのです。連日、記者陣からの追及に疲れ果てて半分投げやりになっていたのかもしれませんが、淡々と話すのが非常に印象に残りました。

私の個人的な見解ですが、ずっとウソをついていたのだと思います。

つまり、**ある特定のウソを見抜くには、疑惑が発覚した最初の段階が極めて重要です。**

最初の段階でウソを認めさせないと、長期戦になる可能性が高くなります。

刑事の取調べでも１日目の取調べが大事になってきます。最初から「お前が犯人ではないのか」と直球で問い詰めていくと、本人はどんどんウソをつく必要に迫られます。

ですから、なるべくウソをつかせないように、質問を考えなければいけないのです。

ウソをついているサイン

ウソはどうやって見抜くのか？

ウソをついている場合、投げかけた質問を契機として「ウソのサイン」が表れます。

ウソのサインには「話し方」と「仕草」のサインがあります。片方でも両方でもいいのですが、サインが感じられたら、ウソをついている可能性が高いです。

ここでは、「選挙違反事件で投票する見返りに現金を貰った」という現金買収事件をもとにして質問の答え方を例示します。

◆「話し方」のウソのサイン

・質問に答えることができない

質問に対して答えられずに、質問の答え以外のことを話す。

例えば、現金買収事件で「どこでお金を貰いましたか？」との質問に対し、「その日は、自宅で一日寝ていたが来客はなかったな」などと、質問の答え以外のことを話す場合。

そもそも質問に答えていない。

・質問を繰り返す

質問に答えずに、そのまま相手の質問を繰り返す。

例えば、「どこでお金を貰いましたか？」と聞かれて、「どこでお金を貰ったかって？」と質問をオウム返しする。

・簡単な質問が理解できない

考えなくても答えられる質問に対して、「質問の意味がわからない」などと理解を示さない。

例えば、「どこでお金を貰いましたか？」と聞かれて、「どういう意味ですか？」と質問の意味を問い直す。

お金を貰ったかどうかは、いちいち聞き返さなくても理解できる質問である。

・**逆ギレする**

犯罪者ややましいことがある人は、必ずといっていいほど逆ギレする。ウソつきは自分に信用がないのがわかっているので、相手を怒って説得しようとする。

例えば、「どこでお金を貰いましたか?」と聞くと、「なんでそんなことを言わなきゃいけないんだ。いい加減にしろ!」などと急に怒り出す。

・**質問の手順や方法に文句を言う**

「こんなところで職務質問をしていいのか」「違法な家宅捜索だろ」などと質問に対する手順や方法に不満や文句を言う。矛先を変えようとする意図で行われる。

例えば、「どこでお金を貰いましたか?」と聞かれて、「この取調べは違法じゃないか。夜中の取調べは人権侵害だろ。手続きとして間違ってる」などと言う。

・**明確に否定しない**

否定すべき質問に明確に否定しない。人間には良心があるので「やっていない」「していない」と明確にウソはつきにくいもの。

例えば、「どこでお金を貰いましたか?」と聞かれて、「貰っていません」と明確に否定せずに「あの人とは昔からつき合いがあって、家にきたことはあるが記憶にない」などと、なんとなく否定する。

・余計な説明が多い

例えば、「どこでお金を貰いましたか?」の質問に、「お金は貰っていません。あの日は朝から会社に行って残業もあったので帰りも遅かった。家族も出かけていて日中は誰もいなかった。訪ねてきた人がいてもわからない。そもそも、うちにお金を持ってくる理由がない」などと、答え以外に余計な説明が多い場合。

・問題を軽く扱う

例えば「どこでお金を貰いましたか?」の質問に、「こんなことで大騒ぎするなんておかしい」「警察に呼ばれて話すことじゃない」などと問題を軽く扱おうとする。

・神様や信頼できる人を持ち出す

「神様に誓ってもやっていない」「私がどんな人間かは亡くなった先代の社長が一番知っている」など、自分の信用のなさを神様や故人、著名人で補強する。

・真実の話で説得する

「私の仕事の実力は誰もが認めています」「あと少しで定年退職なのに今更退職金が貰えないようなことをするはずがない」など、内容が真実で反論しようもない発言をする。説得力があるので「言われてみれば確かにそうだよな」と相手の発言を信じてしまいがちなので注意。

◆「仕草」のウソのサイン

・反応しない、反応が遅い

質問に対して反応しない。

あるいは反応が遅い。

答えに迷っているため反応できない。

・肩が揺れる

記者会見など立って話をしているときに出やすい仕草。

肩が左右に揺れるのが特徴。

・身振り・手振りがなくなる

今まで話していたときには身振り・手振りが頻繁に出ていたのに、その質問によって身振り・手振りがなくなる。あるいは手をポケットに入れたり、腹の前や後ろで組んだりする。

・顔に手をやる

質問を受けた瞬間に手があごや鼻に移動して触れる。ウソをつくと「言ってはいけないことを言ってるから口を塞がないといけない」という理性が生じるが、口を塞ぐと話せなくなるので顎を触ったり、鼻を触ったりしてごまかす動作になりがちである。

・**整理整頓の仕草**

「ネクタイを締め直す」「スカートのしわを伸ばす」「机の上の文房具を揃える」「メガネをかけ直す」などの動きをする。ウソをついていると心が乱れるので、身の回りのものを整えようとする仕草になりがちである。

・**支点移動の仕草**

物体と体、体と体が触れる点（支点）が動き出す。例えば、椅子に座っている人の場合は「靴」と「床」、「肘かけ」と「肘」など、それぞれが触れている点が質問と同時に動き出す。

ウソを見抜く効果的な質問方法

◆想定外の質問をする

例えば、殺人罪で犯人を取調べします。当然ですが、**犯人は刑事からの質問を事前に想定して備えています。**また、言っていいこと、ダメなことも整理しています。

想定される質問は、

・○月○日、あなたはどこで何をしていましたか？（犯行日時）
・○○県○○市に行ったことはありますか？（犯行場所）
・被害者と最後に会ったのはいつですか？
・被害者と最後に連絡をとったのはいつですか？
・被害者とどんなおつき合いをしていましたか？

・被害者とトラブルになったことはないですか？

などでしょう。これは答えが用意されていますから、うまく答えられてしまいます。

ちなみに交渉術の観点から見ると、このケースの犯人と刑事、どっちが優位に立っていると思いますか？　答えは「犯人」です。

なぜかというと、知りたい情報は全て犯人が持っているからです。殺害に至った経緯、被害者との関係、殺害方法、殺害後の遺体の遺棄方法など、刑事が知らないことを犯人は全部知っています。どう考えても犯人が優位です。

ただ、ウソの情報を引き出すことは、ムダではありません。ウソの情報は裏づけを取り、ウソを認定していけばいいのです。

刑事の立場からすると、現場で発見された人証、物証が唯一その状況をひっくり返せる材料になります。

この犯人の優位な立場を崩していくには、犯人が想定していない質問を織り交ぜてい

くのが有効です。想定外の質問をすると、犯人の心理的な変化や態度の変化を見ることができます。

想定外の質問の方が刺激になりますので、ウソのサインも出やすくなるのです。

◆強力な質問法～可能性質問

ウソを見抜く強力な質問法として「可能性質問」という質問法があります。これは「犯人であれば、あり得る可能性」について突っついて聞くというものです。

例えば、ある会社の更衣室にある従業員用のロッカーから現金が盗まれたとします。その時間帯に更衣室を使用した社員は5人です。順番に話を聞いたところ、Bに複数のウソのサインが見られました。そこでBを再度呼び出して聞いてみることにしました。ここで使えるのが可能性質問です。

「あなたがロッカーから現金を盗んだのを、見た人がいる可能性はありますか？」と聞いてみます。

もし彼が犯人であった場合、誰かに目撃された可能性があります。彼は「誰かに見られたのではないか？」と勝手に想像をはじめます。そして仮に見られていた場合、何と答えてこの場を切り抜けようか考えはじめます。つまり、そこにウソのサインが出やすくなります。

犯人でない場合は、目撃された可能性はまったくないので「そんな可能性はありません。だってやっていないですから」と考える間もなく直ちにそう答えます。

人間はこのようなネガティブな情報を投げられると、心あたりのある人だけがそれに反応して勝手に悪い方向に考える傾向があります。

例えば、朝出かけるときにいつも見送りもしない奥さん(旦那さん)が玄関先まできて、「今晩、ちょっと大事な話があるから……」と神妙な顔つきで言われたとします。あなたならどう考えますか？　**何もやましいことがなければ「何のこっちゃ」で終わります。**ところが何かやましいことがある人は、「何の話だろう？　浮気がばれたかな？　いや、へそくりかな？　まさか離婚したいとか？」などと、勝手に悪い方向に考えますよね。

これは奥さんの投げたウイルスに感染したためです。人間は悪い情報を得ると勝手に最悪のことを考えて、その対処方法を事前に考えておこうとするのです。

ですから、「あなたがロッカーから現金を盗んだのを見た人がいる可能性はありますか？」と聞かれると、「目撃者がいたのかな？　もし、いた場合には何て答えようか」と考えはじめます。

「その時間に更衣室は使ってない」と答えるつもりだったのが、急遽作戦を変更して「あ、使ったことは使ったけど」と答える可能性があります。

つまり、たったひとつの質問でそこまで引き出すことができるのです。

可能性質問のどこがいいのか。実はこれって、疑っていないのです。**相手の心に聞いているだけで、疑っていません**よね。「……の可能性はありますか？」と尋ねているだけですから。つまり可能性がある人だけが反応するのです。

また可能性質問をもっと効果的に使う方法があります。**質問の前に効果を高めるための「前ふり」を入れる**のです。

例えばこんな感じです。

「うちの会社では、こんな泥棒事件は絶対になくしたいと思っています。社員もパートも不安を感じているし、泥棒のいる会社なんて信用問題にかかわります。だから今回は徹底的に調べました。全社員から話を聞きました。ぶっちゃけいろいろな情報が集まってきました。ところで、あなたがロッカーから現金を盗むのを見た人がいる可能性はありますか？」。

犯人は「そこまで言うということは、目撃者がいたのかな？」と思いはじめます。

つまり「前ふり」を入れることで、信ぴょう性を高める効果があるのです。

私の経験から言うと、犯人と取調官との信頼関係が強くできていて犯人が素直な人間であれば、「そこまで言うということは目撃者がいたんだな……」と勝手に判断をして事実を認める傾向が強いです。

可能性質問は犯人であれば、あり得る可能性について聞くわけですから、必ず反応が表れます。

ちなみにこの質問法は強力なウソの見抜き方なので、本当にウソを見抜きたいときだけ使ってください。世の中には見抜かない方が幸せというウソもありますからね。

その他の質問法

◆おかしな質問

あえておかしな質問をして、反応を見る質問法。

唐突におかしな質問やくだらない質問をすると、「それ何の質問?」「そんなの知らないよ」と横柄な態度をとったり、質問に答えなかったりする人がほとんどです。しかし、そんな質問にもかかわらず、**普段よりも優しく答えたり、真剣に答えるときは「心に何かやましいことがある」と考えられます。**

例えば、禁煙を約束していた旦那さんが、最近になってタバコの臭いをさせて帰ってきました。そんなとき、「昨日は居酒屋で飲んでたのよね。あそこってサラダのドレッシングが選べたけど、何があったか知ってる?」とおかしな質問をしてみます。

普段なら「そんなの知らねえよ」と答える人が、「えーと、何だったかなー。ドレッシングでしょ。和風、イタリアン……あと何があったかな……」と必死に答えたときは、何かやましい気持ちがある可能性が高いです。もしかしたら、居酒屋でタバコを吸っていたのかもしれませんね。

◆多方向質問

ひとつの答えを知りたい場合に、いろいろな方向から質問を投げかける質問法。

例えば、未成年者と思われる人物に年齢を聞いたところ「20歳です」と答えたとします。その場合に「生年月日は？」「高校の卒業年度は？」「干支は？」などと、**同一事項について多方向から質問します。**そうすることで矛盾点が浮かび上がり、本当のことを言っているかが判断できるのです。

矢継ぎ早に質問すると、頭を働かせることができないので、答えに窮してボロを出すことになります。

◆様子質問

些細なことを聞いて、真実かどうかを判断する質問法。

例えば、「中年の男が、その場所に立っていた」という目撃情報があったとします。ウソつきは、「立っていた」ということに関しては装えても、細かな様子までは考えていないことがほとんどです。

そこで、「そのとき、彼はどんな様子でしたか？」と、**詳しい状況まで聞いてみます。**実際に見ている人は「震えていました」「顔が引きつっていました」などと、細かい様子まで答えることができます。それは見ているからです。

しかし、見ていない人は当然ですが、答えられません。「あー、様子ですか……」と答えに窮してしまうことが多いのです。

逆に、犯人や目撃者でなければ供述できない事細かな状況を自ら語る場合には、その供述は信ぴょう性が高いと言えます。

◆教えを乞う質問

「知らない人には教えてあげたい」という人間心理を利用した質問法。

あえて知らないふりをして質問すると、相手はいろいろと説明してくれます。その説明で相手の知識やスキルを測ることができます。

例えば、「パソコンはかなり詳しい」という説明をした人に対し、あえて知らないふりをして教えを乞います。相手は自慢げに教えてくれますが、説明を聞いていると「意外と知らない」という事実も見抜けるのです。

当然ですが、**ウソを見抜くには質問する側の知識が豊富であることが前提になります。**

◆保証確認質問

自分を保証してくれる人がいるかどうかを質問して、真実を問う質問法。

「あなたがやっていないというのを、誰か保証してくれますか?」と質問します。**「自分で自分を保証しますよ」と明言した場合は、ウソをついていない可能性が高い。**ウソをついている人間は、自分で自分を保証できないので「自分で保証する」とは言いにくいものです。一方、「友だちの○○が保証してくれます。一緒にいたので」と自分以外の人のみを不安げに話すときは、ウソをついているかもしれません。

◆逆方向質問

ウソつきは真実を曲げて架空のストーリーを作り出します。

自分の頭の中で作ったものなので、体験や記憶がありません。従って、そのストーリーを逆から質問すると辻褄が合わなくなります。

ある会社事務所に、強盗が押し入った事件がありました。深夜、従業員がひとりでいるときに押し入り、売上金を強奪されたというのです。

その従業員に状況を聞いてみると、なぜかそわそわして落ち着きません。話にも不自然な点が多く、強盗を装った虚偽の通報である可能性が感じられました。

そこで、襲われた状況を逆から、つまり犯人が逃走した時点から侵入してきた時点へ遡《さかのぼ》りながら、話を聞いたのです。

すると先ほど話した内容に矛盾が出てきました。順番が入れ替わったり、まったく違う話になってきたのです。その点を指摘すると従業員は顔色がみるみる変わり、結局ウソの通報であることを認めました。借金があり、金に困っていたので架空の強盗事件をでっち上げて売上を奪ったのです。

このように逆方向から細かく質問をすると矛盾点が浮かびあがり、ウソを見抜くことができます。

証拠のあと出しジャンケン

共犯者がいる詐欺事件を捜査中、主犯格から携帯電話を押収して解析したところ、共犯者にメールで指示している証拠を見つけ出しました。

主犯格は共犯者との関与を全面否認しており、このメールが共犯者との共謀を証明する重要な証拠になりました。おそらく主犯格は、このメールを消し忘れたものと思われます。

こんなケースで、証拠をどう使ってウソを見抜きますか？

一般的には、「そのメールを主犯格に示して口を割らせる」という方法が想像つくでしょう。

しかし、私はこの事件で部下にこう指示しました。「先に弁解を潰しておけ」と。

主犯格に証拠となるメールを見せれば、おそらく「携帯電話を落とした」「携帯電話を人に貸した」などという弁解をするでしょう。ですから、「そう言われる前に潰しておけ」と指示をしたのです。

つまり取調べの中で「携帯電話はいつも肌身離さず持って使用していた。人に貸したことも落としたことも一度もない」ということを言わせて、供述調書を作成させたのです。

もちろんこの時点では、証拠のメールについてはまったく触れずに、関係のない話をしながらこの事実だけを調書化しました。その上で証拠を提示して取調べしたんですね。こうなると主犯格は逃げ場がありません。今更「あれは記憶違いだった」とは言えないので、共犯関係を認めました。

この手法を「証拠のあと出しジャンケン」と言います。

証拠を見つけたら先に出すのではなく、その証拠から予想できる弁解を全て言わせてから、最後の最後に証拠を出す方法です。

これはあらゆるケースで使えます。

例えば、会社内で社員の不正が発覚したとします。証拠を見つけたからといってすぐに示したら間違いなく言い訳をされます。ですから、言い訳は全部言わせておいて最後の最後で証拠を出すのです。

ウソを見抜く上で気をつけること

◆ウソのサインは発覚した当初がもっとも出やすい

政治家や芸能人の不正やスキャンダルが、週刊誌などで報じられることがあります。こういう場合、発覚した直後の記者会見や囲み取材などが、もっともウソのサインが出やすいときです。

人間は時間の経過とともに知恵がついてきます。自分にいいように事実を塗り変えていきます。つまりファーストコンタクトが勝負なわけです。**相手が理論武装する前に質問して確認する**のです。

例えば、信号無視した車による交通事故。発生直後に車から降りてきた運転手は「すみません、テレビに気を取られて信号を見落としてしまって……」と信号無視した事実を謝っていました。ところが時間の経過とともに「信号が赤だったかどうかは記憶ない」「たぶん青だった」などと供述を変えます。

これは、現場に目撃者がいないということがわかったので証拠もないし、赤信号で進行したたという事実は立証できないだろうと知恵がついたからです。こうなるとウソを立証するのはかなり困難になります。

ですから発覚した当初の段階で、しっかりと証拠を押さえておくことが重要になるのです。

◆ウソを見破るには聞くタイミングが重要

ウソのサインは、何の予告もなく、唐突に聞いた方が反応が出やすいです。

例えば、旦那さんが朝帰りしたとします。当然ですが、帰ってきたときは奥さんに何を聞かれてもいいように旦那さんも弁解を考えています。ですから、質問したところでうまく答えます。

そこで、その日の晩御飯のときに唐突に聞いてみます。「昨日はどこで飲んでいたの？」「なんで朝帰りだったの？」と。

そんなに時間が経ってから聞かれるとは思っていないので、油断してウソのサインが出やすくなります。

例えば、社員の不正が発覚して、話を聞きたいときには「ランチでも行く？」と個室のランチに誘い、相手が油断している状況下で突然切り出してみましょう。

「あの件なんだけど心当たりある？」と。当人が犯人であれば、かなりの動揺が見られるはずですし、そんなときこそウソのサインが表れるのです。

◆ウソを見抜くには考える時間を与えないことがコツ

ウソを見抜きたいときは、相手が「あの事実について聞かれそうだ」と察知しているようなら、なるべく考える時間を与えないことです。察知してから質問までの間が長いと、相手に防御策を考えさせてしまうからです。**相手が防御を開始する前に質問をはじめ、ウソのサインを見抜いてしまいましょう。**

例えば、容疑者の自宅に赴いて警察署に任意同行し、そのあと取調べをすることがあります。選挙違反事件や贈収賄事件は、このパターンが多いわけです。

こういう場合、「○○についてお話を聞きたいので同行願います」と任意同行を求めるので、「○○について聞かれる」ということはわかります。そのため、容疑者は自宅から警察署に到着する数十分、数時間の間に頭を整理してある程度の言い訳を考えるはずです。

ですから、あえて言い訳を考えるための詳細なヒントは与えません。車内では事件とまったく関係のない雑談をして、相手に考える時間を与えないのもテクニックのひとつです。

◆ウソつきに情を感じてはならない

ウソつきから話を聞いていると、その人の人間性にも触れていくので、情が湧いてしまうことがあります。

特に取調べは20日以上行うことが多く、取調室というかぎられた空間で長い時間、顔を合わせていると犯人がかわいくなってくるのです。そうすると、追及の手が緩むことになります。ウソを言われても、「ウソは言ってないよな?」と信じてしまうことにもなりかねません。

ですから、真実が全て明らかになるまで、相手に情を感じることは避けなければなりません。**自分の感情を殺して厳しい目で見ていかないと、結果として騙されてしまうか**らです。

ある事件の共犯者数名を複数の取調官がそれぞれ担当して、取調べをしていました。取調官同士は定期的に打ち合わせをして、被疑者の全体的な供述に矛盾がないかを検討する機会を設けていました。

そこで各取調官が被疑者の供述を報告し、比較していくと相互に合わない部分が出てきたのです。取調官は自分の被疑者は本当のことを言っていると信じているし、信じたいので、他の共犯被疑者の供述は違うと言い張ります。ちょっとした小競り合いになりました。

このようなケースでは、証拠から判断して事件の方向づけをしていきます。最終的には落ち着いたのですが、このように被疑者に情を感じてしまうと、冷静な判断ができなくなります。終結するまでは気持ちを許さないことが大事です。

◆質問は簡単に、明確に、短文ですること

質問が曖昧だったり、わかりにくかったりすると、相手に理解されずウソのサインが出にくくなります。**反応を見るには、相手が質問の趣旨を理解していることが前提です。**

従って質問は、簡単に、明確に、そしてわかりやすくするために短文ですることが重要です。

政治家などの疑惑が報じられたあとに、緊急記者会見を開くことがありますよね。各社の記者が手を挙げて一斉に質問するので、時間も数もかぎられます。そんなときに長々と前置きをして、1回でいくつもの質問を言う人がいます。

あれは最悪の質問の仕方です。つまり聞かれた方も相手の質問が長い分、考える時間が与えられます。そのため辻褄の合う回答を考える余裕が生まれます。ウソつきはウソのストーリーを組み立てていますから、真実を語るときよりも考える時間が必要になります。ですから、考える時間は与えないことが重要です。

また複数の質問がくると、どの質問に反応したのかわからなくなります。

◆興奮して感情を出しての追及は避ける

ウソをついているのがわかったり、話に矛盾を感じたりすると、感情が表に出て怒鳴ってしまう方もいます。しかし、そこはぐっとこらえて淡々と質問することが大事です。

ウソを見抜くためには、相手に真実を話してもらう必要があります。相手が心を閉じてしまうと、それは不可能になります。相手の態度や言動に感情的になるのは逆効果です。**冷静さを失わず、徐々に心を開かせた上で話をさせることが必要です。**

◆ウソが固まらないようにする

ウソつきはこの場をどう逃れようかと常に考えているため、ウソを重ねていくことになります。

そして、**ウソを上塗りすればするほど、ウソをつくことに慣れてきます。**これが60ページでも説明した「ウソが固まる」という現象です。こうなると、ウソを見破ることはかなり困難になります。

ですから、なるべくウソをつかせないようにすることが重要です。

「あなたはしていないのですね？」

「はい」

「あなたは知らないのですね？」

「はい」

「あなたは関係ないのですね？」

「はい」


このように否定形の質問を繰り返していくと、ウソが固まりやすいので避けましょう。

◆ウソのサインについて追及しない

会話中にウソのサインが見られたからといって、それをネタに追及すると相手は注意するようになり、ウソのサインを出すことをやめてしまうことがあります。ウソのサインを感じて指摘したり、それをネタに追及するのはやめてください。

◆真実の返答ひとつで安心しない

相手が真実を話した場合は、それひとつで安心してはいけません。ウソつきは一番罪の軽いものから話すことが多いからです。

贈収賄事件でこんなケースがありました。

公務員がある業者に便宜を図った見返りに、賄賂として現金を貰った疑いがありました。数日間にわたり、受け取った事実を追及していたところ、その公務員がやっと事実を認め、「すみません、20万円を貰いました」と供述しました。

私としては苦労して認めてくれたのでほっとします。そこで「やっぱりそうだろう。いつどこで貰ったんだ？　何の見返りに貰ったんだ？」と事細かに聞きたくなります。それが取調官の心情です。

しかし、それはぐっとこらえて「他にもあるよね。それだけじゃないのはわかってる。他に貰ったのはいつ、いくらですか？」と追及の手を緩めませんでした。そうすると相手は「え……他にですか……」と考えはじめたのです。私はその沈黙の中にウソのサインを見つけました。
結果的にこの公務員は複数回にわたり、合計数百万円の賄賂を認めるに至りました。

犯罪者はもちろんのこと、**基本的にウソをついている人間は一番罪の軽いものから話します。**全てをきれいに話すことはありません。
誰しも自分がかわいいですし、少しでも罪を軽くしたいのです。悪い人間ではないと世間に見てもらいたいというのは当たり前です。

3点疑念のウソ推定法

ウソは相手が「実はウソをついていました」と自供して、はじめてわかります。つまり相手が自供しないかぎり、ウソだということはわからないのです。

しかし、どこかの段階で「ウソをついている」と確定しないと、追及が緩んだり、事実関係の調査が先に進まない場合があります。

疑いを解明したい立場からすると、何かの基準に達したら「こいつはウソをついている」と明確にできると楽になります。

そこで私は一定の条件を満たしたら、自供がなくても「ウソを推定する方法」を用いていました。これを「3点疑念のウソ推定法」と言います。

会話をしていて、相手がウソをついているのではないかと思う場合があります。当然ですが、その疑念を解明するために質問をします。

そのとき、**質問の返事が「一般常識に照らして不自然な答え」**であり、**「誰が聞いても納得できない」と認められる場合には、疑ってください。**そして、**内容の違う疑念が3つ以上になったときには、「ウソである」と推定します。**

これは故意に真実を捻じ曲げたときに起こるのです。真実をウソで無理やり捻じ曲げようとするのでどこかに負担がかかり、不自然さが生まれます。その結果、誰が聞いても納得できない話になってしまうというわけです。

ひとつの事例をお話しします。競泳の富田尚弥選手による韓国でのカメラ窃盗事件です。

この事件は2014年アジア競技大会期間中の9月25日、韓国仁川文鶴競技場で、韓国人記者のカメラ（約800万ウォン相当、日本円で70万円程度）を、記者が離席中にレンズを取り外し、本体のみを盗んだとされた事件でした。

富田選手は、翌9月26日、50メートル平泳ぎに出場し予選敗退後、仁川南部警察署から事情聴取を受け、犯行を認めました。

犯行の動機については、「見た瞬間、欲しくなった」と供述していました。被害品については選手村の冨田選手の部屋の鞄から見つかりました。これにより、日本選手団から追放され、出国停止処分を受けたのです。

ところが彼は、帰国後の２０１４年11月６日、名古屋市内で会見を開き「カメラを盗んだ事実はない」と訴えました。冨田選手は韓国警察の取調べについても、最初から犯人扱いで通訳に「認めないなら、韓国に残されるかも知れない」と言われ、きちんと話す機会を与えられなかったと主張しました。

彼の言い分は、

・プールサイドに座っていたところ、緑色のズボンをはいた東アジア系の男から手を掴まれ、持っていたポーチに黒い塊のようなものを入れられた。危害を加えられると困ると思い、驚いてその場を離れた

・バスでの移動中でもポーチの中は確認することはなく、この出来事を誰にも言わず、宿舎に持って帰った

・中にはカメラの本体部分が入っていたがゴミだと思って捨てる場所もなかったので捨てなかった

などと説明しました。

彼の説明が真実だと仮定した場合、いくつもの疑念が生じます。

一般常識で考えると、

・他人から自分のポーチに何かを入れられたら、何を入れたのだろうか？　と中を確認する

・プールで不審者に手を掴まれれば他の選手にも危害を及ぼす可能性もあり、警備員に通報する

・怖い思いをしたのでバスの中で選手仲間に出来事を話す

・宿舎に持って帰ったあと、盗んだという言いがかりをつけられないように本部や上司に報告する

などの行動が考えられます。

つまり彼は「一般常識として不自然な答え」をして「誰が聞いても納得できない」という条件を満たしています。そして3点以上の疑念が解消されていません。ですからこのケースではウソを推定して構わないのです。

私の個人的見解ではありますが、彼は本当の事実を無理に変更しているのでこんな結果になったのだろうと思います。

ちなみにこの事件は韓国で正式裁判になり、裁判所は「被告の説明には信ぴょう性がなく、信用できない」として有罪判決を出し、判決は確定しています。

私が犯罪者の取調べをしていたときも相手の言い分が不自然であり、誰が聞いても納得できないケースが多くありました。

そんなときは、「3点疑念のウソ推定法」で「ウソであると推定」し、追及を強めたり、証拠との照合を重ねてウソの事実を固める作業をしていました。

これは取調べする側が「疑心暗鬼にならないための推定法」と言えるかもしれません。

「張り込みでアンパンと牛乳は食べるのか？」

昔の刑事ドラマでは、張り込み中の刑事がアンパンを食べながら牛乳を飲むシーンがあります。実際の刑事の世界ではどうだと思いますか？

「もしかして糖分をとってイライラを解消するため？」
「栄養を考えて？」
「腹持ちがいいから？」

などの理由で食べているのかなとお思いでしょう。

答えは……張り込みでのアンパン、牛乳は刑事ドラマの世界の話で実際はありません。
だいたいコンビニにあれだけおいしいものが売っているのに、アンパンと牛乳を好んで飲食する必要がないですよね。

張り込み中に食事をすることは確かにあります。

それは現場から動けないので仕方なくその場で食べる場合です。

最近は街中にコンビニもたくさんありますし、食べものを調達する意味では刑事も楽になりました。


ちなみに刑事は食通が多いです。

なぜかというと、食べるのが唯一の楽しみだからです。

特に本部の捜査員は県内外広範囲に捜査で出向きますので、「○○市に行くならあそこのラーメン屋」「○○海岸に行くならあそこの定食屋」などと行きつけにしている飲食店がたくさんあります。店に行ってみると、見たことのある刑事で満席になっているケースもあるんですね。

そんな店内で「お、久しぶり。今どこに（応援派遣で）行ってるの？」と刑事同士が会話している光景はなかなかおもしろいと思いませんか。

あなたが普段行っている馴染みのお店も、実はお客様が全部刑事だったかもしれませんね。

第4章

採用面接でウソを見抜く

「採用面接」で応募者を見抜けない人が多い

私は大手企業の採用担当者や中小企業の経営者などに対し、「採用面接での応募者の本質やウソの見抜き方」をコンサルティングする機会があります。また、不定期で開催しているセミナーには経営者、人事担当者など多数の方が参加されます。

そこで話を聞いてみると、「採用面接は難しい」「過去に何度も騙されている」「人を見る目がない」などと嘆かれる方が非常に多いのです。中小企業の経営者の中には、「見抜けないのでもう諦めています」と言う方までいます。

採用面接の時間は数十分から数時間だと思いますが、そもそもひとりの人間をそんなに短い時間で見抜くのは、非常に難しいことです。

皆さんも何十年も勤務している社員のいつもと違った行動や性格を見て、「え、そんな一面があったんだ！」と驚くことがありますよね。人間は奥深く、なかなかわかりにくい生物なのです。

しかし、そんなことを言っても仕方ありません。

そこで本章では、どうして採用面接で見抜けないことが多いのか、もっと応募者を見抜く精度を上げることはできないのかに焦点を当てて説明します。

ちなみに**採用面接で見抜く必要があるのは、「できる社員」ではありません。「できない社員」「採ってはいけない社員」です。**

できない社員を採用すると、無駄な生涯賃金２億円を払わなければなりません。そして、「できない社員」の尻拭いを「できる社員」がすることになり、会社全体の生産性が落ちます。まして一度採用した社員は簡単に辞めさせることができません。

ですから、「できない社員」を見抜く力を高めて頂きたいと思います。

「誤採用」が生まれる理由

・面接官の面接方法が我流である
・面接官の質問が情報を引き出す質問になっていない
・面接官に人を見極めるスキルが乏しい
・面接官が安易に応募者の話を信じてしまう
・面接官が騙されやすい
・面接官が面接の雰囲気作りができていない

私が考える誤採用の理由です。

弊社のセミナーに参加される方からは、「そもそも採用面接の方法が我流で、今まで採用面接のやり方についてきちんと教わったことがない」という印象を受けます。

特に中小企業の経営者は、事業を拡大するための戦略や資金繰り、また従業員の教育など経営者本来の業務に一生懸命です。採用面接の勉強など二の次、三の次になってしまうのは仕方のないことかもしれません。

そもそも大学、専門学校などの新卒学生は一生に一度の大勝負と捉え、就活にあたりかなり勉強してきます。情報はインターネットで調べたら無限にありますし、面接で何を聞かれたとか、どう答えるかも探せばすぐに出てくるでしょう。つまり、**応募者の方が情報をたくさん持ち、研究もしてくるのに、採用する企業側は我流で勉強もしていないわけです。**これでは結果が明らかです。

ですから私は、採用面接の方法、スキルについてもしっかり勉強しましょうとお伝えしています。

「採用面接」と「取調べ」の共通点

◆過去の情報を引き出す

「採用面接と取調べはそもそも違うものではないか?」「なんで元刑事のあなたが教えられるのか?」あなたはきっとそう言うはずです。

そりゃ採用面接で取調べのような雰囲気を出して、つまり鬼のような形相で厳しい追及をしたらその目的は達成できないでしょう。

しかし、双方には共通点があります。「情報収集が目的である」という点です。

採用面接は「応募者の情報を引き出す作業」、また取調べは「犯人の情報を引き出す作業」です。相手が変わるだけで目的は同じです。

採用面接の最終目的は、「会社を繁栄させるためにいい人材を採用すること」にあります。そのためには、「応募者の情報」を引き出さなくてはなりません。採用していいかどうかの判断基準は、「相手の持っている情報」が全てだからです。

では、引き出すべき情報とは何でしょうか。それは応募者の「過去の情報」です。我々が今あるのは、過去の積み重ねですよね。過去の行動や考え方に、その方の本来の姿があります。ですから、**「過去の情報」をたくさん引き出すことを考えないといけません。**

実際の採用面接で「うちの会社に入ったらどんな仕事をしてくれますか？」と質問する面接官がいます。未来のことを聞いても意味がありませんよね。口がうまい人はいくらでも上手に話すからです。

聞くべきことは「未来」ではなく、応募者の「過去」です。そして、**過去にとった「行動」と「感情」を聞くことが重要なのです。**

例えば、新卒の学生に対し、

「バイト先ではチーフでまとめ役だったんですね。どんなことが大変でしたか？」

「年上の方が多かったので、言うことを聞いてもらうのが大変でした」

「それをどうやってまとめてきたのですか？」【行動を聞く】

「コミュニケーションをなるべくとるために仕事中もよく話しかけましたし、自分の人間性を知ってもらうためにあえて自己開示をしたりしました」

「それをやりながら自分ではどう思いましたか？」【感情を聞く】

「正社員でもないのになんでこんなことまで……と正直思いました。でもバイトでこんな経験ができるということは、ある意味幸せだなとも思いました。なかなかできない経験ですし、自分を成長させるために頑張ろうと思ったのを覚えています」

このように「行動」と「感情」はセットで記憶されます。

行動は偽れても、そのときの感情まで偽るのは難しいのです。ですから行動と感情をセットで聞いていくことで、人となりや人間性が見えてくるのです。

◆採用面接のウソは着飾りのウソ

ウソの種類の中で採用面接のウソは「着飾りのウソ」です。応募者は少しでも良く見せたいので着飾ってきます。

着飾りのウソの特徴は、次のようなものです。

・ウソの程度が弱く、本人に罪悪感が薄い
・そもそもウソをついている自覚がない可能性がある
・入社するためには仕方ないとウソを正当化している可能性がある

このように、犯罪者がつくウソとは、明らかにウソの程度が違うのです。

つまり、**緩いウソ、薄いウソなので、ウソを見抜くのが難しい。**だから見誤ってしまうというわけです。それだけ採用面接でウソを見抜くのは、難しいのです。

ただし、経歴を大きく詐称しているとか、実は前の会社で不正を働いてクビになったことなどを隠すためのウソは強いウソです。ですから、逆に見抜きやすいかもしれません。

ウソはその程度によって良心にかかる心理的負担が変わるので、バレたら困るウソの方がサインは出やすくなるのです。

◆事前準備で全ては決まる

中小企業の経営者や採用担当者と話して、採用面接の事前準備の時間が非常に短いことがわかりました。

事前に提出された応募者の履歴書を見るのも、ひとり5分程度というのはザラで、ほとんど見ずに面接をはじめる方もいました。

実は採用面接は事前準備で決まると言っても過言ではありません。事前に聞きたいことを整理しておく。ただでさえ採用面接の時間が短いのに、準備もしなかったらどうなるか。結論は見えています。

ちなみに取調べにあたる刑事は、取調べの前に相手の前科前歴書や事件記録は十分読み込んで頭に入れ、質問すべきことを絞ってから取調べをはじめます。相手について知っていなければ、いい取調べはできないからです。

採用面接では事前準備の前にやることがあります。

それは、**会社としてどんな人間を採りたいのかを決めることです。**これが定まっていないと、質問も絞りようがありません。

会社にとってどんなポジションの、どんなスキルがある、どんな人材を採りたいのかをまず整理しておきます。そうしないと、営業担当を採用しようとしたのにコミュニケーションスキルのない人を採用したり、交通費が出せないのに遠方に住まいのある人を採用したりという誤りを起こしてしまいます。

採用面接の前に、まずは会社として採りたい人物像を明らかにしておきましょう。

次に、事前資料である履歴書や職務経歴書は少なくともひとりにつき30分以上は見て、質問を絞っておきます。30分も見ると気になる点が絞れてくるはずです。

気になる点は、必ず質問事項として聞き漏らしがないようにメモをしておきます。それに加え、採りたい人物に合致するのか、それを確かめるための質問も考えていくのです。

◆情報を引き出す環境作りが大切

以前、私のセミナーに参加された経営者が、『面接が終わったあとに応募者にそれとなく面接の感想を聞いたら「面接官が怖かったです……」と言われてしまいまして……』と苦笑いで話してくれました。

この社長さんの会社は、運送関係のお仕事なので会社の役員の方も強面で、いかつい感じの方が多いらしいのです。業種的には仕方がないと言えば仕方がないですよね。

しかし「面接官が怖い」と感じられたら、会社にとっていいことはひとつもありません。応募者が委縮してしまっては、本音を語ってくれないからです。応募者が本音を語れない環境を作ったらダメですよね。

採用面接は応募者の過去を知る作業です。過去の情報をたくさん引き出して、うちの会社に入ったらどんな仕事をしてくれるのか、未来を予測することが目的です。

情報が少なければ少ないほど判断を誤ることになり、当然、誤採用に結びつく可能性が高くなるわけです。

ですから**採用面接は少なくとも「笑顔」、そして相手の話を聞いているという「頷き」が必要です。**最低限これだけ気をつけても印象はかなり変わります。

私が経営している会社はコンサル業だけでなく、デザイン制作業も行っています。その事業で、アルバイトを採用したことがあるのですが、そのときも環境作りには十分気を使いました。

応募してきたのは20歳のデザイン専門学校に通っている学生。弊社の社員の紹介で応募してきたので、元刑事の社長という事前情報を知っていますし、相当緊張してくるのではないかと予想していました。

私は面接に訪れた彼に開口一番、「緊張しなくていいよ。私が元刑事だからってビビらないでね」と優しく声をかけました。彼が笑ってくれたので安心しました。

そしてリラックスさせるための雑談をして十分ほぐれたかなというところで、「志望動機」と「自己紹介」を話してもらいました。この2つは、事前に考えてきただろうと思ったからです。これは、彼が予想して考えてきたことを先に全部話させて、リラックスさせようという配慮でもありました。

自分の考えてきたことを先に話せば、徐々に緊張も解かれていきます。その結果、彼はだんだんと顔も緩み、緊張感がほぐれてきたように思いました。そこで私は面接の質問に入ったのです。

結果的に彼はアルバイトとして採用され、現在は社員として元気に働いています。

このように採用面接では、まず情報を引き出す環境作りをしっかりしてから質問をはじめるように心がけてください。

採用面接での見抜き方

◆第一印象で見抜く

刑事がはじめて会う人間を取調べするときは、第一印象でどんな人間なのかを推察します。

細かく見るところは服装、顔つき、目つき、態度、仕草です。その中でも一番最初に目が行くのが顔つき、目つきでしょう。顔つき、目つきにはその人の生き方が描写されています。

犯罪者は、基本的に警察から追われていないかを常に気にしています。四六時中、周りを見たり、後ろを振り返って尾行されていないかを確認しています。そして悪事を働くときはさらに神経を使いますし、悪人の周りには悪人がいますから、気を許せるときが少なくなります。

結果として顔つきが常に緊張し、目も吊り上っているような感じになります。また、笑顔も自然ではなく、引きつったり、目尻に笑い皺がなかったりします。それは普段笑っていないからです。

人間は35才を過ぎた頃から、顔つきが固まってきます。それは普段どんなものを見て、どんなことを考えているかということにも影響しています。つまり、**人間の顔つき、目つきというのは、普段その人が見ているものを描写している**と考えられます。

暖かい家族に囲まれて、仕事や職場の人にも恵まれて穏やかで笑顔に囲まれた生活や仕事をしている人と、常に悪事を働いて生活をしている人では、顔つきに差があるのは当然ですよね。

ですから、採用面接では顔つき、目つきに注目してみてください。

応募者の笑顔は自然か、笑い皺はあるか、顔色は健康的か、目つきが悪くないか。もし第一印象で「うん？　なんか顔つきが……、目つきが……」と思ったら、その直感は当たっているかもしれません。そのあとの質問で、その方の本質を見抜いてみましょう。

もし見抜けずに疑念ばかり残るようでしたら、採用を見合わせるという勇気も必要です。

前述したアルバイトの彼を面接したときのことです。

私がまず見たのは彼の服装、身なりでした。事前に、「アルバイトから将来は正社員になりたい」という意向を聞いていました。その気持ちが服装、身なりにも必ず表れるだろうと思っていたからです。

面接当日、彼は専門学校生でしたが、紺のスーツをきちんと着てネクタイを締めて社会人らしい格好で現れました。着慣れない感はありましたが、「この面接で採用されるんだ！」という彼の心意気を感じることができました。

もしこれが、今どきの学生が着ているような私服できたらどうでしょうか。言ってみればコンビニのアルバイトの面接にきたような雰囲気で。そうであれば、当然減点だったでしょう。でも彼は、気持ち通りの格好をしてきてくれたのです。

その人の気持ちというのは、内面だけでなく、外面にも必ず表れます。好きな彼女とデートするときに洋服を新調したり、気に入った服を着ていくのと同じです。

少しでも好きになってもらいたい、気に入ってもらいたいと思ったら、内面の気持ちが外面に表れるものです。

ですから、**面接のときには身なりや服装の細かいところまで目を配り、そこから内面を推測してみることも重要です。**

◆書類で見抜く

採用面接にあたり、応募者が提出する資料として履歴書があります。また中途採用の場合は、職務経歴書も提出させると思います。履歴書などを見る上で大事なポイントは、その書き方です。

字は綺麗でしょうか、汚くても丁寧に書いたという気持ちが表れているでしょうか、殴り書きではないでしょうか、修正液でいくつも修正していることはないでしょうか、その点も確認します。

字にはその人の性格や入社への思いが込められているからです。面接では「御社が第一志望です」と胸を張って言いながら履歴書が殴り書きだと、「第一志望は本当か？」

と思ってしまうのが正直なところです。どうしても入りたければ、履歴書も注意して少しでも印象がいいように書くのが普通だからです。

字のうまさだけでは判断はつきませんが、特に細やかなサービスを必要とする仕事には向かない可能性もあり、注意が必要です。


次に経歴を見てみましょう。中途採用の場合は、前の会社を退職した理由を必ず聞かなければなりません。

仮に3回転職していたら、その全ての退職理由をよく聞きます。なぜかというと、前の会社を退職した理由は、「あなたの会社を退職する理由」になるからです。

人間関係で退職した方は、また人間関係で退職する可能性があります。

自分の問題点を修正できずに同じことを繰り返すのが、人間だからです。


また、**会社を転々としている場合には、前の会社の退社と次の会社への入社との間に注目します。**

例えば、平成26年3月31日に前職を退職、同年4月1日に次の会社に入社、とある場合、ヘッドハンティングにあってすぐに就職したのかもしれません。つまりすぐに職につけるというのは有能かもしれませんし、先をきっちり読んで計画性のある人生を送っている人なのかもしれません。

期間が空きすぎている場合は、「どうやって食べていたのか?」という疑問が生じます。失業保険で遊んでいたのかもしれませんし、体調を壊していて働けなかった可能性もあります。実は、そういったところに目を配ると精神疾患を見抜ける可能性もあります。

また、「アメリカに2年間海外留学」と書いてあるのでよくよく聞いてみると、留学先のことも詳細に答えられませんでした。こんな場合、実は「刑務所に入っていた」なんてこともあります。海外に2年もいたらそれなりの英語力もあるでしょうし、知識もあるはずです。

矛盾点は気づいたら面接で明らかにしましょう。

履歴書などの提出書類にはたくさんのヒントが隠されていますので、少ない文章からたくさんの情報を得ることが大事です。**自分に不都合なことは書きたくないのが心情ですが、細かい点について注意して聞いていくと虚偽記載がわかることもあるのです。**

◆質問で見抜く

採用面接で大事なのは「質問」です。質問の内容によって引き出す内容が全然変わります。例えば、

・残業はできますか？
・残業は月にどのくらいできますか？

この質問は残業について聞いているわけですが、相手から出てくる情報はまったく違いますよね。

「残業はできますか」はクローズド質問であり、イエスかノーで答える質問法です。「残業は月にどのくらいできますか」はオープン質問であり、相手が考えないと答えられない質問法です。

採用面接の質問の基本はオープン質問です。**たくさんの情報を引き出すにはオープン質問を心掛けてください。**

刑事的質問法で人間の本質を知る

◆深堀質問

刑事になると先輩から教わることがあります。

それは『**相手が何か言ったら「なぜ、なぜ、なぜ」と3回繰り返して聞け。**真実は深堀りしていくことで見えてくるぞ』ということです。トヨタの「なぜなぜ5回」と理屈は同じです。

下手な面接官ほど質問が横にすべっていきます。横にすべっていく質問では、何もわかりません。

例えば「趣味は何ですか?」「最近読んだ本は何ですか?」「休みの日は何をしていますか?」などの質問です。それは応募者からすると、事前に考えてきているであろう「想定内」の質問だからです。

何かを聞かれる際に、「想定内の質問」がくるのと「想定外の質問」がくるのでは、答え方が全然違います。

想定内の質問をしたところで、口のうまい人はそれなりに答えます。そこに真実の姿はありません。

想定していないエリアに入ったときにはじめてその場で考えて、自分の言葉で話すことになります。そこに、真実の姿が見えてくるのです。

ですから、想定外のエリアに到達するまで深堀していきます。

深堀質問がなぜ有効なのかというと、「深堀されると飾れなくなるから」です。

ひとつの事実についてどんどん深堀されると、単純に答えを飾る暇がなくなります。

それは想定外、つまり用意していない答えを求められるからです。

例えば、「趣味は何ですか？」と聞いたら、「ゴルフです」と答えたとします。さらに「ゴルフのどんなところが好きですか？」と聞いたら、「意外と頭を使うスポーツだからです」と答えました。そこで「頭を使うスポーツの良さは何ですか？」と聞くと、「えーと、そうですね……」となります。

相手はここまで質問されるとは想定していません。そうするといい答えを出そうと飾ることなく、自分本来の考えや思いで答えていきます。つまり素の自分が出てくるのです。

また、107ページでも述べましたが、**深堀質問していく上で聞くべきことは過去の「行動」と「感情」です。**行動と感情は、セットで記憶されます。行動は偽れても、そのときの感情を偽るのは難しいので、セットで聞いていくのです。その答えにその方の人となりや人間の本質が出てきます。

深堀質問は、普段から使っていないとなかなか質問が思い浮かびません。

そのコツは「相手に興味を持つこと」です。

つき合いはじめたばかりの男女は、「日曜日は何してるの?」「どんな食べ物が好き?」「兄弟はいるの?」などと、自然と質問が出てきますよね。相手を知りたいと思ったら、自然と質問が出てくるものなのです。そして深堀質問することで、相手の本当の姿が見えてくるのです。

日頃から部下との会話、家族との会話で深堀質問を使ってみましょう。身近な人でも、今まで知らなかった意外な一面がわかるかもしれません。

◆もっとも質問

刑事時代に相手を知る上で使っていた質問法が、「もっとも質問」です。

例えば、覚せい剤の売人に「今だから言える話をしようぜ。お前が薬を売っていて、もっともビビったことってなんだ？」と聞いたことがあります。

その売人は「ここだけの話だけど、仕入れ先の外国人に金が払えないことがあった。ある場所に呼ばれていったら穴が掘ってあって、そこに突き落とされ、生き埋めにされかけたことがある」などと、ぞっとする話しをしはじめました。

犯罪者の世界は我々が想像できないことがあるため、その世界の掟なり、その世界の真実を知るためによく利用した質問法でした。

これは採用面接でも使えます。

例えば、経験値を問うものとしては、「あなたが営業マンとして今まで経験した中でもっとも困難だった仕事は何ですか?」「あなたが前職の課長時代にもっとも苦労したことって何ですか?」などと質問します。

また、性格や人間性を知る上では「あなたの最大の短所と最大の長所は何ですか?」「あなたが人と接する上でもっとも大事にしていることって何ですか?」など質問すると、見えないものが見えてくることがあります。

つまり**最大値、最小値を知ることによって、その人の体験の幅がわかるのです。**最大と最小がわかれば、真ん中部分は想像できますよね。

最大の経験がつまらなければ、たいした経験もしていないという判断ができます。

◆網掛け質問

私が、取調べや参考人の事情聴取の最後に必ず聞いていた質問があります。

それは「私が知っておくべきことで、まだあなたに質問していないことがありますか?」という質問です。

このような聞き方をすると、最後に思いもよらない話をしてくれる人がいます。

これは最後の最後で聞き漏らしがないかを確認するために、不足部分を網にかける質問法です。

この質問をすると、**実は本人が気になっていて、面接官が聞かなかったことを話してくれることがあります。**私の経験で言うと「不安に思っていること」や「言うべきか迷っていたこと」などを話してくれる人が多いです。

例えば、「実は、父親が病気で平日も病院に連れていかなければならないときがあります。そんなときにお休みは頂けますか？」などと、家庭の問題を打ち明けてくれたりします。

あるいは「え……そうですね……。特に……ないです」と躊躇しながら答えた場合には、もしかしたら本当は何かがあるのかもしれません。そんなときは「何か気になることがあるのでしたら言ってくださいね」と、水を向けることもできます。

このように網掛け質問では、採用面接で得られなかった情報を引き出すことができるのです。

「痴漢に間違えられたらどうするか?」

私の講演でよく質問されるのが、このテーマです。

日頃、通勤で電車を利用する男性陣にとってはもっとも知りたいことなのでしょう。

極論から言うと「電車に乗らないこと」が一番の解決策ではあります。

しかし、それでは答えになりませんよね。これはあくまで「やっていない」というのが前提での話ですが、「足に自信があるのなら逃げきれ」という答えがベストではあります。

ただ、逃げようとしたら、まず捕まるでしょう。周囲に男性客も多いでしょうし、シャツやズボンを掴まれたら逃走はまず不可能です。

その上、逃げたら途中で捕まったときに言い訳もできません。「やっていないのになぜ逃げた?」と言われるのが落ちですし、心証も悪い。

さらに、逃げるために誰かに暴行を加えたりしたら、暴行や傷害で別件逮捕される可能性もあります。このように逃げるというのは、かなりのリスクになります。

ですから、私の個人的な意見を言うと、逃げるのではなく「身分を明らかにして徹底的に否認し、その場から立ち去る」のがベストだと思います。

まず名刺や免許証を出して、逃げる意思がないことを明らかにします。そしてやっていないのが事実なら、徹底的に否認します。

そして「いつでも要請があれば警察に出頭します」と申し出て、その場を立ち去るのがいいのです。これはその場を離れてしまえば、現行犯逮捕から逃れることができるからです。

あとは逮捕状を取得して通常逮捕するしか方法がありません。多少ハードルが高くなりますので、そのあとの取調べを受けても逮捕されずに、任意で書類送検される可能性も出てくるわけです。

「駅長室に行くと警察官がきて逮捕される」という都市伝説がありますが、それはまんざらウソではありません。

警察官は、混雑するホームで事情聴取するのを避けるために駅長室に同行を求めます。そして被害女性に確認の上、現行犯逮捕することになるのです。

警察としては、被害者の被害申告が全てです。被害女性が「この人です」と証言している以上、「やっていない」と申し出ても、被害者の意見を無視するわけにはいきません。ですから、逮捕するしか方法はないだろうというわけです。

ただ、現場の微妙な判断は、現場の警察官がします。女性の供述があいまいだったりすると逮捕されない可能性もあるので、ケースバイケースと言えるでしょう。

第5章

商談でお客様の心理を見抜く

まずはお客様と信頼関係を築く

もし、商談先のお客様の心理がわかったらどうでしょうか。交渉が有利に進むのは間違いありません。

つまり、営業マンはお客様が商品を欲しいと思っているのか、必要ないと思っているのか、そのサービスに興味があるのか、ないのか、その心理が読めなくて苦労しているのです。

相手の心理を見抜いたり、心理を知るためにまず必要なのは、相手との信頼関係です。刑事の取調べでも、相手のウソや心理を見抜くには、信頼関係を必要とします。信頼関係がなければ、心を開いて話してくれないからです。

ちなみに私が警察を退職して起業した当初、元刑事とはいえ、今ほどの信頼はありませんでした。民間での実績もまったくなく、何ができるのかも知られていなかったからです。

ですから私は、「お客様の信頼を得ることが先決である」と心して仕事に取り組んだのです。

ただ世の中的には、「刑事」というと警察官であり、公務員でもあるため、それなりの信用があるのです。まして最近のテレビドラマでは、次から次へと刑事ドラマが放送され、刑事に憧れている人や推理小説が大好きという方もたくさんいます。

我が国では、刑事という職業を割と好意的に見てくれる方が多かったのは幸いでした。

◆身なりを整える

ワイシャツの襟はよれよれ、シミもついている、ズボンもアイロンがかかっていない。

こんな身なりの人に信頼を寄せる人がいるでしょうか。

以前、私の会社にそんな方が営業にきたことがあります。せっかくでしたが、話し半分程度でお帰り頂きました。いくら商品が素晴らしいものでも、値段的にお得でも、その営業マンから買いたいとは思えなかったからです。

高価なスーツやジャケットを着ろというわけではありません。少なくとも清潔感のある身なりを心がけることが信頼の第一歩でしょう。

私は刑事時代、公務員や政治家を取調べることがありました。前日からワイシャツやズボンにアイロンをかけ、靴も磨いた上で準備万端に整えて戦いに臨んだものです。あなたが残念ながら取調べを受ける立場になったとします。取調べを担当する刑事の身なりがお世辞にも清潔とは言えず、いかにも仕事ができないような雰囲気を醸し出していたら、はたして話す気になるでしょうか。

身なりは心です。心で接しようとしたら身なりにも気をつけます。信頼関係は、まず見た目からはじまるのです。

◆仕事に一貫性を持つ

私は世の中の多くの方に「ウソの見抜き方」を知ってもらい、悪いウソを見抜いてもらいたいと思っています。悪い人間や悪い情報に騙されない世の中にしたいのです。

ですからビジョンは明確で、大手の企業をはじめ、霞が関の各省庁でもこのスキルを知ってもらいたいのです。

そこで大事なのは、仕事への一貫性です。自分の思いと仕事の軸です。

例えば私は、テレビ出演による露出も自分なりにラインを決めています。起業当初、バラエティ番組への出演オファーがありました。どんな番組かというと、警察の裏話を暴露するという企画番組でした。もちろん今でも依頼がくることがあります。しかし私は基本的に全てお断りさせて頂いています。その理由は、私が現職の警察官であったらそんな番組に出るＯＢを快く思わないからです。

また、昔の同僚、先輩、後輩は今でも治安を守るために日夜汗を流しているわけですが、現役が仕事をやりづらくなるような番組には出たくないからです。

私は約28年という長い間、警察組織にお世話になりました。今があるのは警察組織のお陰でもあるのです。ですから、その組織に後ろ足で泥をかけて飯を食うことはしたくないのです。

誤解して欲しくないのですが、暴露番組に出演されている警察ＯＢをここで批判しているわけではありません。その方々はその方々なりに本業のお仕事に繋がる一面もあるでしょうし、それぞれ諸事情があって出演されているからです。私は自分の考えと諸事情で出演しないというだけの話です。

起業当初、テレビは非常に魅力があり、名前を売るためにはどんな番組でも出演することは魅力でした。しかし、そこは一貫性が大事だと思いました。自分の仕事の軸が定まっているということです。

私は**軸がしっかりしていることが、ビジネスを発展させる秘訣だし、信頼関係を築くためにも必要**だと思っています。

お客様の心理は「表情」「仕草」で読める

信頼関係が十分できたのを前提に商談をはじめます。お客様の心理はどこでわかるのでしょうか。

◆瞳孔の開き具合でも心理がわかる

ある実験で男女の被験者に「赤ちゃんの写真」、「異性のヌードの写真」、「同性のヌードの写真」「風景写真」の４枚を見せたところ、異性のヌードを見たときに被験者の瞳孔が20％大きくなったという結果があります。

瞳孔が開くと目は黒目がちになり、また、興味のあるものは「見たい」という気持ちから目を大きく開いてじっと凝視します。そのため、きらきらと輝いて見えるのです。

人は興味のあるものや心地いいものと感じるものを見るだけで、瞳孔が開きます。つまり瞳孔の大きさによって、相手が商品に対して興味があるかどうかも知ることができます。そもそも瞳孔の動きはコントロールできませんから、相手の心理を見抜く大きなヒントになります。

もし話をしていて、相手の瞳孔が開いたことがわかったら、それはこちらの会話やこちらに興味を持ったと考えていいでしょう。

◆視線を向ける方向にあるものは何か

「目の動きを見る」ことは、ビジネスの現場でも役に立ちます。

商談先のお客様にカタログを提示したとき、カタログのどこを見ているか、どのように見ているかで心理がわかります。

例えば、乗用車のカタログであればどのページを長く見ているでしょうか？　性能ですか？　燃費で

すか？　価格ですか？

長く、じっくりと視線を落とす部分には少なくとも興味があります。

逆に飛ばして見る部分にはまったく興味がないことを示しています。つまり燃費のページをじっくりと見ている方は、車を選ぶ上で燃費を重視していることが推測されます。その視線の飛ばし方から心理を読むのです。

カタログにまったく興味を示さなかったら、ほとんど脈なしということです。ですから、興味を持ってもらえるようなセールストークをしなければなりません。

ちなみに私がセミナーを開催するときは、セミ

ナー終了後に売りたい商品（別のセミナーなど）があるので、その商品のチラシを配布しています。

受講生の中には、セミナー中にチラシをじっくり見ている人がいます。中にはチラシを見ながら天井を見て考え込んでいる人もいます。参加金額か、支払い方法で悩んでいるのかもしれません。これは興味のある方の反応です。

興味のない人はチラシなんて見ませんから。

ですから、反応のある方は覚えておいて、セミナー後にそれとなくお話ししてみます。

そうすると、「チラシのセミナーに参加したいのですが日程が合わなくて……」などと悩みを打ち明けてくれたりするのです。悩みの解決策を提示できれば、買ってもらえる可能性が高くなります。

「別の日にもありますから、ぜひ、参加してください」と言うこともできるわけです。

◆手先の動きにも心理が出る

手先の動きにもいろいろな心理状態が表れます。

商談で話を聞いている相手が指先でトントンと机や椅子を叩いていたら、無意識に相手の話を妨害し、早く話を終わらせて欲しいと思っています。

手のひらを相手に見せている場合は、相手に対して気を許していたり、同意していたりする証拠です。拳を握っていたら、拒絶のサインで不快感を感じている可能性が高いと言えます。

ポケットに手を入れたり、机の下に手を置いたり、腕を組んだりと、手を隠す動きには、自分の心を読まれたくないという心理が表れています。つまり、相手に対して心を開いていない状態ですので、話していることは本音でなかったりウソであったりします。

基本的にウソをついている人間は、頭に集中して

上半身が固くなるので、身振り手振りがなくなる傾向にあります。ですから手先が自由に動いている場合は、割りとリラックスして聞いている可能性があります。

また、喫茶店などでお客様に商品の説明をしているときに、話を聞きながら飲み物のストローをいじったり、携帯電話をいじっていたら「そろそろ飽きた……」というサインです。

◆前傾姿勢は「関心」あり

前傾姿勢は興味の度合を示します。

人間は興味があればあるほど、上半身が前傾姿勢になるのです。

私は全国で講演をしていますが、参加者の皆さんがどれだけ前傾姿勢で講演を聞いているかを見ています。頭が前に出て上半身が前傾姿勢になり、さらに「うんうん」と頷いて聞いているのは、「話がおもしろい、興味がある」という裏返しです。ですから、「よしよし」と私も口がなめらかになります。

お客様と商談をしているとき、相手がテーブルの上のパンフレットを遠目で見て、椅子の背もたれに反り返り、足を前方に投げ出していたらどうでしょうか。

これはあなたの話を聞きたくないか、興味がないというサインです。

さらに姿勢を左右に傾けてほおづえをついていたら、あなたの話に不快感すら持っている可能性があります。

上半身の前傾角度が「興味の度合」を示しているわけですから、営業マンとしてはどうしたら前傾姿勢にできるかを考えながら話を進めないといけないのです。

◆腕組みをした客は何を言いたいか？

取調室で追及を受けている犯人は、腕組みをしていることが多いのです。これは、自分をさらけ出さないようにするためです。

つまり、取調べでの会話がストレスになっているのです。腕組みをしていると相手との間に壁ができますし、体を抱くような形になるので落ち着くのです。

さて、商談の場面でお客様が「なるほど」と腕組みをして聞きはじめたときはどうでしょう。

もちろん癖で組む方もいるので注意が必要ですが、**商談での話がストレスになっている可能性が高いです。**

最初は普通に聞いていた相手が「そうなんですね、なるほど」と腕を組みはじめたら、「いつまでそんな話をしてるんだ?」と思われているかもしれません。

ですから、**話題を変えると腕組みがほどけたりする**のです。

◆本気で買う客か、冷やかし客かを判断するには足先を見る

足先を見ているとお客様の心理がわかります。

貴金属店でショーケースを覗き見るお客様がいます。そのときの足先に注目してください。足先がどっちを向いていますか?

もし、**ショーケースにまっすぐ直角に足先が入っていたら商品に興味があります。**つまり「本気で買いたい客」です。

しかし、足先が横を向いていたら、早く立ち去りたいというサインです。つまり「冷やかし客」です。ですから販売員は、お客様の足先を見て接客するかどうかを判断してもいいでしょう。

私の講演を聞いた、ある高級外車販売店の社長さんが教えてくれました。

「私も車を見にきたお客様の足先を見て、接客するかどうかを決めていました。だから森さんのご説明を聞いて確信が持てました」と。

どういうことかというと、「冷やかし客」は足先が外を向いて車を見るとのこと。

また、車に試乗して降りるときも、やはり足先が立ち去りたい方向に向くそうです。

ところが本気で買おうとしているお客様は足先がベンツの方にしっかりと向き、車から降りたときも車の方向にしっかり向き直すというわけです。

ですから、車に足先が向いているお客様は、早く接客すれば売れる可能性が高いのです。

今日から足先を見て接客してみましょう。

お客様の心理を質問で引き出す

基本的にお客様は困っていたり、現状を変えたいから、新しい商品やサービスを購入します。

私は人事・採用や講師業のコンサルティングをしていますが、まずは**質問でお客様の困っていることを聞き出します。**もちろん取調べではありませんので、相手に不快な思いをさせないようにしています。

お客様がどんなことにお困りで、どんなことを望んでいるか、どうなりたいのかがわかれば、あとは弊社の商品やサービスで何ができるか、どう解決できるかを提案するだけです。

いまだに売り込み型の営業をしている方がいますが、インターネットで調べればいくらでも情報は出てくるので、お客様は押しつけられる情報などいらないのです。

◆お客様に好意を持つ

質問は、お客様に好意を持たなければ出てきません。興味や関心を持つということです。どんな仕事をしているのか、出身地、家族構成、趣味などを雑談の中から聞き出し、相手がどんな人間なのかを知り、好きになることです。そのためには自己開示も必要です。

こちらから心を開かないと、相手は心を開いてくれません。

よく自分のことを一切話さずに質問ばかりする人がいますが、「あなたは誰なの？」「なんでそんなに私のことを知りたいの？」と逆に不安になります。自分を知ってもらいながら相手を知るというスタンスが大事です。

◆聞き上手になる

相手の話を聞くことです。人間は自分の話を聞いてもらえるとリラックスします。

刑事時代に関わった方は千差万別ですが、被害にあったり困ったりして相談にくる方は、不安を持っている場合が多いので、徹底して聞き役に回りました。1時間も話を聞くと、すっきりして帰る人もします。

聞き上手になるには、相手の話したことに対して共感することです。

笑顔で「うん、うん」と大きく頷いて、「あなたの話を聞いてますよ」と訴えます。

もちろんポーズだけではダメなので、話もきちんと理解します。

そして相手が話すことは否定せずに、一度は「なるほど」と承認すると相手も話しやすくなります。否定ばかりすると、相手は話す気がなくなりますから、まずは承認してあげましょう。

◆現状を聞く

お客様の現在の状況、気持ちを詳しく質問していきます。刑事のように立ち入った質問をすると嫌がられると思うかもしれませんが、それは真剣に考えている証拠ですのでどんどん聞いていきます。

私の場合は「立ち入った話で恐縮ですが、もし良かったら教えてください」と一応は断ってから低姿勢で聞いていきます。相手が話しやすくなるように、「それはどんな意味ですか?」「わかりやすく説明すると、こんな意味でよろしいですか?」「例えば、こんなことですか?」とかみ砕いて質問します。

いろいろと話していくとお客様の頭は整理されてきて、「そうだね。気づかなかったけどそういうことだ」と、現状の問題点が明らかになる場合があります。

深掘りすればするほど、問題点が明確になってくるのです。そうすると、お客様自身がどうしたらいいかが見えてきます。

逆を言うと、問題点は深掘りしてみないとわかりません。だからよくよく考えてもらうことで、原因を認識してもらうのです。

◆欲求を確認する

「なるほどつまりそのような現状なのですね」と確認すると、「そういうことですね」と自分の課題なり、問題点がわかったことでお客様はすっきりした表情になります。

そうしたら、**「それでどうしたらいいと思われますか？」と質問します。**

要はどうしたらいいかは、お客様本人が一番よくわかっているわけです。ですから、それを自分の意思で話してもらいます。

そうすると問題点もさらに整理されて、どうしたらいいかが明確になります。

ここでも「なるほど、なるほど」と聞いてあげると、どんどん話してくれるので聞いていればいいのです。

◆解決策を提案する

ここまできたら、**「それを解決する方法は何がありますか？」と聞きます。**

たいがい、お客様本人から問題の解決策が出ています。出ていない場合は、「こんな方法がありますね」と誘導します。

そのあと、「それはなされていますか？」と実行しているかを聞きます。

できていない場合は、「ご自分でできない理由は何ですか？」と質問します。理由をいろいろと話してくれるでしょう。

ここではじめて商品やサービスの提案をするのです。

「ご自分でできない場合、弊社としてはこんなことができます」

「話を聞いてみますか？　お手伝いできるのならさせて頂きます」という展開です。

だいたいの方は興味を持って聞いてくれますし、正直あとは説明などいらないくらいです。

お客様からの未来の質問で心理を読む

お客様は商談していると、「未来に向けた質問」をしてくることがあります。買おうとしている商品やサービスではなく、未来の質問です。このときがクロージングのチャンスです。


刑事時代にも「未来の質問」をされることがありました。

特に初犯の犯人の取調べをしているときに多かったと思います。

「これから仮に裁判になったら、どんな手続きで進みますか?」

「拘置所って、どのくらいいるものですか?」

「刑務所では、手紙って書けるのですか?」

このような、**自分の未来を気にするような質問は、「落ちる」サインなのです。**もう認めようかという心境の表れを示しています。

これは商談でも同じです。

人間は未来を想像すると、当然ながら現時点より未来の疑問について質問をしてきます。また態度にも変化が表れます。

つまり、お客様が未来に関する質問をしてきたときが、クロージングのタイミングなのです。

・価格に関する質問をしてきたとき

購入する気がなければ価格に興味がありません。妥当な金額なのか、割引してもらえるのか、価格の情報を欲しがったり、値引き交渉をしてきたら購入の意思があります。

・お得感を確認してきたとき

購入するにあたっては、他と比べてお得であることを確認したくなります。電卓やスマホを取り出して、商品を購入することのメリットやお得感を計算しだしたときがチャンスです。

・支払い方法について質問してきたとき

分割支払いが可能なのか、カードは使えるのかなど、支払いに関する質問も、未来を知りたいときの質問です。

・いつ届くのかを確認してきたとき

商品が配送で届くような場合、最短でいつ届くのかなど、先の情報が知りたくなります。これも未来を知るための質問だと言えます。

「交通違反の取締りにノルマはあるのか？」

この質問は比較的よく聞かれる質問です。

その答えは「あります」。


「ノルマ」というと聞こえが悪いのですが、要するに「目標」です。

警察官も公務員ですが、基本的に公務員という職業は、給料に差がほとんどありません。査定期間内に優秀な成績の職員にはボーナス加算という制度がありましたが、実際は普通に勤務していれば給料にそうそう差がないのです。


その公務員を一生懸命働かせるには、どうしたらいいか。

目標を掲げてやらせるしかありません。

実は警察業務には、全てに目標が掲げられています。刑事事件の検挙件数はもちろん、事件の抑止目標件数、死亡事故抑止件数、また、採用の応募者獲得件数などという目標もあります。つまりほぼ全部の仕事に目標を掲げて仕事をさせているのです。

その中のひとつに、交通違反の取締り件数があります。

取締りの目的は、悲惨な死亡事故をなくすためです。

交通警察官は日頃から悲惨な死亡事故をたくさん見ています。ですから、死亡事故をなくすために、悪質な運転や危ない運転をするドライバーを取締まっているのです。

しかし、基本的に交通違反は過失ですから、やりたくてやっているわけではない違反者がほとんどです。それはよくわかります。

ですが、頭にくるからといって捕まえた警察官を責めても仕方がありません。いくら文句を言われてもそれに耐え忍ぶのが、交通警察官なのです。彼らはある意味凄いのです。

ちなみに私は、交通違反の取締りは必ず文句を言われるので大嫌いでした……。


あなたが交通事故で死んだら悲しむのは愛する家族であり、恋人であり、友達です。

「大きな事故を起こす前に捕まって良かった。これで当分は注意して運転できる」

……もし交通違反で捕まったら、そんな大きな心で対応してくださいね。

第6章

部下の心理・本音を見抜く

部下と信頼関係を築く

近年、働く職場はかつてないほど「人に関する問題」が大きくなっています。新入社員が数年で辞めてしまう離職問題、団塊の世代の大量退職と少子化による人手不足の問題、鬱などの心の病によるドロップアウト問題など……。

長期にわたって会社で戦力になっている貴重な人材にあっさり辞められたり、苦労して採用した新卒社員やアルバイトが僅かな期間で辞めてしまったりしたら、会社は大打撃です。場合によっては、業務がストップすることもあるでしょうし、職場の士気が著しく低下することもあるでしょう。

また、採用やそれまでにかけた教育費用は、全て無駄になります。金銭で換算すると数百万円規模になることもあります。

職場を辞める理由は人それぞれです。中でも特に多い理由が、「職場の人間関係」と言われています。人間関係が悪い職場だと、当然ながら毎日働きづらくなります。「あの課長とは馬が合わないから転職したい」「精神的に辛い。そろそろ退職したい」「職場の雰囲気が悪くていい仕事ができない」など、こんな部下の悩みに早く気づけたら離職率も下がる可能性があります。

上司はただ売上管理だけしていればいいわけではありません。日々、部下の顔色、言動にも興味を持ち、コミュニケーションをとることが重要になります。上司と部下のコミュニケーションが活発になれば職場が活性化します。まずは**上司が部下の心理を知り、部下を上手にコントロールすることが大事なのです。**

◆まずは部下に興味を持つこと

私が前職で所属した広域緊急援助隊（機動隊）には、50名の部下がいました。この部隊は30歳前後の若い隊員が多く、みんな血気盛んでしたが、若い隊員に囲まれたことで私自身も気持ち的に若くいることができました。また、和気あいあいと楽しく勤務させてもらったことを今でも感謝しています。

この部隊に在隊中の平成23年3月11日、東日本大震災が発災しました。我々の部隊は震災当日から福島県に派遣されて、救出活動に従事しました。

さて、大災害時の派遣は精神的・肉体的な負担も大きく、過酷な任務ですので、幹部と部下の意思疎通がなされていることが部隊の運営に重要となります。指揮官が右と言えば右へ、左と言えば左へ、そんな統率力が部隊には必要です。

指揮官の指示に隊員が疑問を持っていたら、動きはぎこちなくなります。**信頼関係があってこそ指示に従う**からです。そのため、私は日頃から自分を知ってもらうのはもちろん、部下を知ることに努めていました。


部下を知るには、日頃から「部下に興味を持つ」ことが大事です。

人間は興味のないこと、興味のないものは目の前にあっても素通りしてしまいます。見えているようで見えていないのです。

興味を持たれないほど悲しいことはありません。**「あなたに注目しているよ」「あなた**

を見ているよ」そういったサインを出しましょう。そうすることで、自然と部下の情報が集まり、記憶にも残り、良好なコミュニケーションが形成されていくのです。

ですから、分隊長や小隊長という中間幹部にも、末端の隊員の情報についてマメに報告させていました。

「A隊員の父親が入院したらしいです」そんな情報が入ってきた場合、「お父さん、入院したんだって？　具合はどうなんだい？」とA隊員にすぐに声をかけます。

このようなひとつひとつの積み重ねが、部下と信頼関係を築きます。自分に興味を持ってくれている上司に不快感を持つ部下はいないものです。

◆コミュニケーションは自己開示から

上司は日頃から部下とコミュニケーションをとることが大事です。どうやって良好なコミュニケーションをとるか、そのひとつが「自己開示」です。

部下の立場からすると、上司と一緒になっただけでも緊張して、何を話したらいいかわからなくなる人もいます。そんなときに私は、自分から話しかけて自己開示をしていました。

「昨日さ、今流行っている○○って映画を見てきたんだけどおもしろかったよ。○○君は映画とか見たりするの？」「あ、私も見ました！」なんて話がはじまるわけです。

こちらから自己開示しなければ、部下が心を開くことはありません。

これは犯罪者の取調べも同じです。

取調官が自己開示して自分のことを話せば、徐々に相手は心を開き、本当のことを話してくれるようになるのです。「こんな刑事に話してたまるか」と思われたら、絶対に話してくれません。取調べではまず信頼関係を作ること、それが話を引き出すための大前提です。

あなたの周りにも、イマイチ何を考えているかわからない人がいると思います。

そんな方は自分のことを話しません。つまり自己開示をしないから、何を考えているかわからないのです。その結果、近寄りがたく、話しかけづらい雰囲気を作り出すことになります。

自分を知ってもらえていないというのは、長い目で見たら本当に損です。相手から誤解されて見られているわけですから。

だからこそ、自分からどんどん自己開示して「私はこんなやつです」と訴えた方がいいのです。

自己開示の最たるものは何だと思いますか。

それは「失敗談」です。

昔の私の上司で、ぱりっとしたスーツに身を固めていて、いかにも仕事ができそうでとっつきにくそうな上司がいました。その人柄をよく知らないときは、「あんな上司は苦手だなー」と勝手に思っていたのです。

ところが仕事を一緒にする機会が増え、いろいろと雑談をするようになるとその考えは一変しました。

その上司は、自分の日頃の失敗談をおもしろおかしく話してくれるのです。聞いていて大笑いしてしまいました。「この人、おもしろい人だなー」と印象がガラッと変わってしまったのです。

「こんな格好いい上司でも失敗はするんだな」と親しみが沸き、それを恥ずかしがらずにさらっと話す人柄に惹かれてしまったんですね。

人間を惹きつけるのは成功談ではなく、間違いなく失敗談です。それを上手に自己開示して話すと、部下は上司に心を開いてくれるようになるでしょう。

もちろん失敗ばかりしている上司は問題外ですが。

◆部下をとことん信頼する

部下は上司に信頼されているからこそ、いい仕事をしようと思うのではないでしょうか。

刑事時代、事件捜査で犯人の取調べを行うことがたくさんありました。特に大きな事件になると取調べすべき関係者も多いので、取調官も複数人が配置されます。

事件着手前に刑事が集められて事件の説明を受けますが、その際、任務一覧表が配られます。それを見ると、取調班、聞き込み班、裏づけ班などと任務が分かれ、自分がどの班で何をするかがわかります。

主役は当然取調班ですが、誰の取調を担当するかで、現場指揮官の期待度がわかりました。

「主犯格のAにはベテランの○係長、共犯のBに私をあてたということは……」という感じです。当然ですが、事件のキーマンには取調べ技術の優れた刑事をあてます。そこで指揮官の取調官に対する信頼度がわかるのです。

取調べを担当していると、なかなか落ちない犯人に当たることもあります。連日、取調べが続き、取調官もかなり精神的にはきつくなります。まして共犯者が認めているのに、自分の被疑者だけが落ちないとなると、「どうしたら認めてくれるのか」と、寝ても覚めてもそのことばかり頭に浮かぶようになるのです。

逆に事件の指揮官からすると、「いつになったら認めさせることができるのか」とイライラします。特に殺人事件などで容疑者の供述がないと事件解決が厳しい場合は、なんとしても落として欲しいと思うわけです。

あまりにも落ちないと「取調官の交代」も頭をよぎりますが、そこは部下への信頼です。

取調官にとって、取調官を変更させられるほどプライドを傷つけられることはありません。おまけに交代した取調官がいとも簡単に落としてしまったら、それこそ面目丸潰れです。

中には取調べしている取調室に事件の指揮官が入ってきて、自分で取調べをはじめてしまうことがあります。取調べに自信のある指揮官がやりがちで、「俺が落としてやる」くらいの勢いで入ってくるわけです。

これは部下を信用していない表れです。私が指揮官のときには絶対にしませんでした。上司が落としたら、取調官の立場がないからです。

取調室での主役はあくまでも取調官です。ですから**「結果はどうであれ、責任は俺がとる。だからお前に任せたぞ」という態度で臨みます。**

こうやって部下との信頼関係を作っていくのです。

周囲から情報を収集する

部下の周りには同僚、上司がいます。また取引先の担当者もいます。

日頃、このような部下の周囲からも情報を収集することが必要です。そこには、**自分の前にいるときとは違う部下の姿があるからです。**同僚に対する姿、取引先に対する姿、他の上司に対する姿もあるでしょう。部下を知る上で、周囲からの情報収集は欠かせません。

これはもちろん、部下と良好なコミュニケーションをとるためです。

「あれ、こないだ隣の課長から聞いたけど一緒にマラソン大会に出るんだってね」「あ、課長、情報早いですね。実は……」などと話も膨らみます。

つまり、日頃から部下とのコミュニケーションのネタを集めておけということです。しかし、これは部下に興味を持たないと、アンテナにひっかかりません。

まずは部下に興味を持ってください。そしてその小耳に挟んだネタは部下に会ったときに一声かけるネタとして使うと効果的です。

社長や上司から一声かけられたら「あなたに興味を持っていますよ」というメッセージにもなり、部下は嬉しいものです。上司に過度な興味を持たれてもウザがられるだけですが、みんなが知っている情報を知られてもそれほど嫌がる人はいないでしょう。

しかし、**周囲にアンテナを張っているといい情報だけでなく、悪い情報も入ることがあります。**

悪い情報には、「対応が悪い」というクレーム的な話」から、「集金を横領しているといった不正の話」まであります。クレームは指導するきっかけにもなりますし、不正であれば早い段階で察知することで、被害を最小限にすることもできます。

特に不正は、同僚や取引先との何気ない会話の中で判明することも多く、情報収集は決して無駄にならないと思います。

聞き役に徹し「間」で見抜く

部下とコミュニケーションを図るときは、なるべく部下に話をさせて聞き役に回ってください。自分だけがベラベラ話しても部下の考えはわかりません。そこで、聞き役に徹して、部下の持っている情報をうまく引き出すのです。

聞き役に徹する上で注目すべきは、会話の「間」です。

「間」にはいろんな思惑が見え隠れします。「社長に言うべき？　いや言わない方がいいかな?」なんていう、部下の迷いも間に表れます。

間に注目していると、部下の心理がわかるのです。

「ここはたぶん言いたくない、と思っているからできる間だな」と感じたら、私は黙っています。相手が話し出すのを待つようにしています。

どうしても相手が話さない場合には、「何？　何？　遠慮しないで言ってくださいね」と答えを引き出します。そうすると「あ、実は……」と話しはじめてくれることがあります。

話している最中に間がないのは要注意です。

ウソをついている場合、偽のストーリーを早く伝えようという意識が働きます。その結果、早口になったり、機関銃のように話し続けたりすることがあります。

このようなときは、あえて口を挟んで間を作ります。すると、話のトーンが変わったり、以前の報告と辻褄が合わないことがわかったりします。

そして**間があるときは、顔の表情や仕草にも気をつけて見ます。**

黙った瞬間に顔がこわばったり、引きつったりというのは、何かを隠している可能性が高いです。あるいは何かを言おうと考えているのかもしれません。

その他、自律神経信号が出ていないか、顔を触ることはないか、体が正対して話しているか、などの仕草にも注目してください。

部下の心理状態を服装や身なりの変化で見抜く

目は心の窓と言いますが、服装や身なりも心の窓だと思います。そのときの精神状態は服装や身なりにも表れるからです。

以前は、まったく容姿を構わなかった部下の男性警察官が、突然おしゃれになったことがありました。私はすかさず聞きました。「彼女できたよね？」と。「え、なんでわかるんですか？」と彼は驚いていましたが、普段から部下の変化に気をつけていたらわかるものです。

女性の中には、顔色や肌に出る方がいます。

ストレスがたまると、いつもより化粧の乗りが悪いように見えることがあります。ストレスは見えるところに出るものです。

また、女性は恋をすると化粧や表情などが極端に変わるので、男性よりわかりやすいと思います。恋愛は女性をいきいきとさせ、綺麗にさせるものなのですね。
これも、普段との違いを感じるかどうかです。日頃から何気ない観察が大事になります。

逆に、**普段は容姿がきちんとしていたスタッフが、髪も整えず、スーツもよれよれで会社にくるようになったら要注意です。** もしかすると、心の病かもしれません。
その原因が仕事にあるのか、家庭にあるのか、もちろん立ち入れない部分はありますが、原因を把握する必要があります。

昔の同僚で、心の病を抱えている人がいました。普段はきちっとスーツを着ていたのですが、あるときから髪はボサボサでスーツもよれよれでくるようになったのです。
何か目もうつろで、元気もなくなってきているように感じたので、病院へ行ってもらうと、うつ病ということがわかりました。

ちょっと気になる部下がいたら、2人きりでランチに誘い「ちょっと最近疲れてない？何かあるなら遠慮なく話してね」そう声をかけたらどうでしょう。それがきっかけで職場の人間関係の悩みを話してくれるかもしれません。

部下のストレス発散方法で見抜く

上司として、部下が健全なストレス発散方法を持っているかどうかを知っておくことは、重要です。

実は犯罪者が発するセリフに「むしゃくしゃして……」というのがあります。放火や万引き、あるいは性犯罪でもストレスが原因で引き起こすことがあります。

放火魔は、火を見たくて火をつけるわけではありません。放火魔は日常生活でストレスがたまると、そのストレスを解消するために火をつけます。赤い火が上り、周囲は大騒ぎになって、消防車や警察が集結します。その騒ぎが刺激になり、ストレスが一時的に緩和され、また日常生活に戻っていくのです。

また万引き犯も、どうしてもその商品が欲しくて盗むわけではありません。現金を持ち合わせていたりします。

独居老人がひとりでさみしさのあまり、構ってもらいたくて万引きをする場合もあります。いずれもストレスが原因です。

さらに性犯罪については ムラムラして犯行を起こすこともありますが、ストレスが原因になっているケースもあります。

性犯罪の加害者研究の第一人者である大阪大学の藤岡淳子教授は、性犯罪には「ストレスの悪循環」と「犯行のサイクル」があると言っています。

日常生活で失敗が重なったり、上司に怒られたりするとストレスがたまります。このストレスを最初は、性的動画を見てマスターベーションして解消しています。これが「ストレスの悪循環」です。

要はスポーツなどの健全なストレス発散方法がなく、性的な事柄でストレスを解消していることが悪循環なのです。ちなみにこのサイクルに収まっているかぎりは、犯行に至ることはありません。

ところが、それでストレスを発散させることができなくなると、外に目が向きはじめます。「女性を襲う」ということを考えはじめるのです。これが「犯行サイクル」です。そしてある日、実行に移し、成功すると新たな快感を得ることになり、そこでストレスが解消されます。日常生活のストレスを解消するために女性を襲うということが、最悪のストレス解消法となり、連続犯行に及ぶのです。

こうなると自分では止められません。なぜかというと、代替のストレス発散方法がないからです。代わりの発散方法が見つからないと永遠に続く危険性もあります。

ですから、健全なストレス発散法を持たせるということも必要なのです。

大きな会社でたくさんの部下がいればいるほど、このような問題も生じてきます。日頃から部下とコミュニケーションをとり、ストレスの発散方法を聞いておく。**もし健全なストレス発散方法がなければ、何か別の方法でそのストレスを発散しているはずです。**

従って、会社としても福利厚生面で健全な趣味作りに協力することが必要なのです。

部下の不正を見抜く

「社員の不正」が疑われた場合、企業の人事担当者は、内容を調査して処分を下さなければいけません。当然ですが、最終的には当該社員から事情聴取をする必要が出てきます。

ところが、すぐに不正を認めてくれたら問題はないのですが、否認された場合は困ってしまいます。やったのか、やってないのか、黒なのかグレーなのかがわからなくなってしまいます。

そもそも犯罪捜査の経験のない人事担当者に、それをやれというのも無理があります。

社員の不正が発覚してしまったときの対処方法はどうするべきか。ここでは社員による集金先での売上金の着服、つまり横領の不正を例にして話を進めます。

まずは実態解明の責任者を決めることです。

これは、対象社員の直属の上司がいいでしょう。責任者とだけ連絡を取り合い、なるべく周りの社員に気づかれないように調査を進めていきます。

対象社員には、この事実を認知していることが気づかれたらいけません。なぜかというと、対象社員に証拠隠滅や言い訳の理論武装の時間を与えてはならないからです。せっかく尻尾を掴めそうなのに、ひっこめられたら、動きが止められてしまいます。

よくあるのは、対象社員の同僚などに確認したら、周りから本人に伝わってしまうケースです。

次に証拠収集です。

責任者を通じて、どんな証拠でもいいので集めてください。

横領の事実であれば、発注伝票、請求書、領収書などの書類、それから実態を知っている社員がいれば内密に事情聴取をします。物証、人証を収集していくのです。

証拠が出揃った段階で関係者と打ち合わせをして、どこまで本人を追及できるかを検討します。そして**追及した結果どこまで認めさせるのか、認めた結果どうするのかも大**

まかでいいので決めておきます。

この場合は違法行為の横領罪ですので、顧問弁護士にも相談しておくことが大事です。

最終的には本人を呼び出して確認します。

業務の打ち合わせなどを理由に会議室などの個室へ呼び出すといいでしょう。**相手に察知されないことが重要です。**これも、事前に察知されると言い訳などの理論武装をされるので、いきなりの方がいいと思います。

そして対象社員に対し「あなたの仕事の関係で聞きたいことがあります。会社では売上金の管理を徹底しているのはご承知だと思いますが……」と切り出します。これは「何を聞かれるのか」を気づかせる会話です。ここではじめて対象社員は身構えることになります。

そこでタイミングを見計らいながら、**会話の中で「可能性質問」をします。**

「あなたが集金に関して不正をしているのではと、取引先の関係者から情報が入る可能性はありますか？」

もし彼が犯人であれば、この質問に反応できません。予期せずに、いきなり核心に迫ったことを聞かれると、人は答えられなくなるのです。

「会社はどんな情報を握っているのか」「なぜ気づかれたのか」「どうやってこの場を取り繕うか」ということにばかり意識がいきます。つまり頭が真っ白になるのです。ですから、しばらく反応がありません。

したがって「相手が固まって反応がない、反応が遅れる」場合には、黒に近いと考えていいでしょう。

そして最終的には、「そんな可能性はないはずです」などと答えます。

本当に何の可能性もない人は、考える間もなく「そんな可能性はないです。だってやっていませんから」という反応になります。

ただ注意して欲しいのは、全てのケースでこのような反応になるとはかぎらないということです。

例えば、当該社員が事情を聞かれることをすでに察知しており、徹底的に理論武装している場合には、すぐに回答してきます。

また、「バレたらバレたで仕方ない」と開き直られると、これもやっかいです。ウソのサインは「良心があり、罪悪感がある人」の方が強く表れるからです。

徹底して証拠を潰していて「絶対にバレないという自信がある者」や「どうなってもいいと開き直っている者」には、効果が薄い方法であることもつけ加えておきます。

「ヤクザ担当刑事は、なぜ風貌が似ているのか？」

「先日、暴力団担当の刑事さんが、ある事件のことで聞きたいと会社にこられたんです。失礼ながら一瞬本物のヤクザがきたのかと思ってびっくりしました。見た目はどっちがヤクザかわかりませんね」と、知人の社長さんが話してくれました。

よく聞く話ですが、暴力団担当刑事は対象の暴力団員によく似ています。

なぜ似ているのでしょうか。


それはある意味「ヤクザが好きだから」です。

だいたいヤクザが嫌いな人は、ヤクザ担当の刑事にはなりません。

刑事も自分の好き嫌いである程度は仕事を選ぶことができるので、「暴力団担当をやりたい」という者が選ばれるのです。


そんな私も現職時代には、暴力団担当の捜査第四課の刑事と合同捜査班で仕事をしたことがあります。これは暴力団が絡む知能犯事件でした。

一緒に仕事をしているとよくわかりますが、まったくもって彼らはヤクザのようです。格好、風貌、話し方がそっくりです。

彼らは相手が相手だけに、スーツやネクタイが普通のサラリーマン風ではなめられてしまいます。だから、相手を威嚇する上でも似たようなファッションになるのも仕方ないんですね。

しかし、なんだかんだ言っても警察官ですから、正義感は強く、義理人情に熱い刑事が多いのは確かです。仕事の話になると熱く語るのも、暴力団担当刑事です。

警察署に行く機会がありましたら、ヤクザ担当の刑事にぜひ、注目してみてください。

第7章

ウソつきや詐欺師に騙されないために

詐欺師は信頼関係を築くプロ

詐欺を働く輩は、人間心理を読むプロです。

そもそも詐欺は、相手に信用してもらって、お金を自発的に出させる必要があります。強制力でお金を出させる強盗とは違います。ですから、詐欺師は人の心理を読んで、その気にさせるにはどうしたらいいかを常に考えて行動しています。

詐欺師がまずやることは、「相手の信頼を得ること」です。信頼してもらえないと、お金は出してもらえません。

独居老人のおばあちゃん宅に訪問し、まずは話を聞いてあげます。次は「お菓子を買ってきたから」と居間に上がり込みます。ひとり暮らしの相談に乗ったり、優しく接して信用をしっかり掴みます。そしてある日、「実はこんないい商品があるんだけどね」と高価な商品を勧めるのです。

詐欺師とデキる営業マンは紙一重です。

両者は非常によく似ています。信頼関係を築くプロだからです。

見ず知らずの人が優しく言い寄ってきたら、注意しなければいけません。

「そうは言っても疑うばかりの世の中は寂しいよ。本当の善意かもしれないじゃない」、そう言うかもしれません。

確かにそうです。その境界線は**「必要以上に接してきたら注意」**です。

「見ず知らずの人がなぜここまで親切にしてくれるの？」そう考えないといけません。何か思惑があるから、あなたに時間を割くのです。

「実は……」と切り出してきたら、「そういうことか」と我に返ってください。あるいは途中でその思惑を感じたら、釘を刺しておくことも大事です。

「私は買わないからね」、それで離れていったらそれだけの話です。

こんな人は騙されやすい

私は長いこと知能犯担当刑事をしていましたので、騙す側も騙される側も両方話を聞く機会がありました。私の経験から、こんな方が騙されやすいと思います。

・「私は大丈夫だ」と思っている人

「私は過去に騙されたことがあるから大丈夫」「私にかぎって騙されることはない」「私はそもそもお金がないから騙されない」などと、根拠のない自信を口に出す方がいます。過去に騙された方はそもそも騙されやすいのです。私にかぎって騙されないということも絶対にありません。今、手元にお金がなくても、本当に困ったら借りてでも払ってしまうものです。つまり油断大敵です。

騙された方が警察にくると、「私にかぎって騙されるとは思わなかった」と口を揃えて言います。私に言わせれば、だから騙されてしまうのです。

もしあなたが「私は大丈夫」そう思っていたとしたら、そんな考えは一刻も早く捨ててください。変な自信が邪魔になり、いつかきっと騙されます。

・舞い上がってしまう人

人間には欲があります。その欲を満たす話を持ってくるのが詐欺師です。

その欲が満たされると思ったら、夢の世界に染まって舞い上がってしまう方がいます。現実の問題を無視して、優雅な未来ばかりに目がいってしまうのです。

世の中に、そうそううまい話はありません。

「あなただけに特別なお話があります」……なぜ見ず知らずのあなたが私だけに特別な話をしてくれるの？「ここだけの話ですけどね」……隣の家でもここだけの話をしてませんか？

おいしい話を信じて舞い上がると、冷静な判断ができなくなります。

欲を満たした未来はあとで考えることにして、とにかく冷静に、頭を冷やして、場合によっては時間を置いてから再度話を聞いてみるといいでしょう。

・優柔不断な人

騙される人の性格を簡単に言うと「優柔不断」の方が多いです。右へ行くか、左へ行くか、迷いに迷って結局どちらも決められず相手に任せたりします。

とにかく自分に軸がないため、言いなりで騙されてしまうケースが多いのです。

必要な話は聞く、必要じゃなければ買わないなど、意思をしっかり持つこと。そして他人に決定を委ねず、自分でよく考えて決めるようにしましょう。

そのためには、よくわからない状態で決めないこと。

詐欺師はいろいろな情報を与えて正常な判断ができないようにします。聞いていないことも答えたり、質問を誤魔化してなんとなくわかった状態にするのです。そして契約を迫ったりします。

例えば、投資話で「どうしてそんなに運用益が出るのですか?」と質問します。すると「〇〇という開発途上国ではさまざまな開発プロジェクトが進んでおり、近い将来、大きく経済成長します。その国の通貨を安価な今のうちに買っておき、経済成長に応じて値上がりしたところで売れば儲かるからです。こないだ勧めた知人は10%の運用益をすでに受け取っています。数千万円も儲かったんでハワイに別荘を建てると喜んでいました。ハワイの別荘は貸してもいいし、所有していればそれも金になりますよ。○○さんの車はベンツでしたっけ。ベンツの調子はどうですか？　渋谷にある外車専門の中古車買い取りの社長をよく知ってますから、新車を購入されるなら高く買わせますよ。そうだ、今度ゴルフどうですか？　伊東で会員になりましてね……」このようになんとなく質問に答えますが、矢継ぎ早にいろいろな情報を与えて、話の矛先も変え、わかったような気にさせるのが手なのです。

ですから質問に明確に答えてくれなかったり、聞いても内容がよくわからないときには、納得できるまで契約してはいけません。

・学習意識の低い人

オレオレ詐欺に遭った高齢女性が被害の届け出にきて「あのー実は私、前にもひっかかったことがあって今回で2回目なんです……」「えー、2回目？」なんてことがよくあります。詐欺師の嗅覚は鋭いのです。

昔、流行った「原野商法」という詐欺があります。北海道の原野で二束三文の土地を「今後、開発により高くなる」と売りさばく商法です。そのあと、騙された方の名簿が出回り「当時の被害を回復する方法があるから」と誘われて、また騙されたりするわけです。痛い目に遭ったら忘れないように。失敗から学んだことを次に活かしましょう。

・友達が少ない人

詐欺やおいしい話にひっかかる人には足りないものがあります。それは親しい「友人」や「知人」です。周りに相談できる人がいないので、自分の独断で判断して騙されるわけです。

独居老人がいい例です。親しい友人や知人がいたら「これどう思う？」と聞くことができます。そうしたら「それおかしいよ」とアドバイスしてくれることもあるかもしれません。

詐欺師は「旦那さんに相談しないようにね」「他人に言わないでね」「内緒の話だから」と、他人への相談を口止めする者もいます。口止めされたら余計に疑わないといけません。

騙されないためにどうするか？

◆自分の直感を信じること

詐欺の被害者が、警察に届け出にくると必ず言うことがあります。

「あのとき、おかしいと思ったんだよ」

つまり騙されながらも、どこかで「おかしい」と気づいているのです。

気づいているのになぜ騙されるか。

それはせっかく直感が働いてアンテナが立ったのに、自分なりに解釈してたたんでしまうからです。「やっぱりこの人いい人だし」「せっかく時間かけてもらっているし」「儲かるかもしれないし」……そうやってアンテナをたたんで、警戒心を解いてしまうのです。

人間の直感は鋭いものがあります。**「何かおかしい」と感じたらそのアンテナを立たせたまま、交渉していきましょう。**それが怪しい人物に騙されないコツです。

◆断る理由は明確に

騙されないためには、「常に断る理由を明確に考えておくこと」です。

もちろんいろんな詐欺のパターンはありますが、自分にとって利益のあるような話がきたときにはこれが使えます。

例えば、最近私にもネットワークビジネスとか、資産運用話とか、投資話とかよくわからない話をしてくる人がいます。

そんなときは、私はこう断っています。

「私は元刑事です。そのお話は私にとっていい話なのかもしれませんし、何ら問題のないことなのかもしれません。しかし、仮におかしな話だとします。それに私が首をつっ込むと一瞬で信頼を失います。皆さん、私が元警察官ということで信用してくださっている方もたくさんいます。その信頼が私のブランドでもあるのです。ですから、そういったお話には一切関わらないようにしています。申し訳ありませんがお断りします。ごめんなさい」

つまり断る理由はいつも同じです。

言ってみれば自分ブランドの保持です。理由を明確にしてきっぱりと断るのです。そこに迷いはありません。ですから相手も引き下がるのです。

ここで私が優柔不断に対応したらどうなるでしょうか。

相手はまた話をしにくるでしょう。そのうち断り切れなくなり、契約に至るでしょう。**人間というのは、回数を重ねることに情が湧いて親近感を持ちますし、会う回数が多ければ多いほど断りにくくなります。**その分、時間も投資するからです。

ですから虫が寄ってきたときのために、明確に断る理由を常に考えておくこと。そして、**なるべく早い段階で明確に断る**ことが騙されないコツでもあるのです。

◆知識を増やして自己防衛する

実際のところ、詐欺師のウソはそうそう見抜けません。そこで、知識を増やすことをオススメします。「こんな詐欺の話をどっかで聞いたことがあるぞ」「最近、こんな詐欺が流行だとニュースで見たぞ」とひっかかれば騙されることはありません。ですから「詐欺師の特徴」そして「詐欺の手口」を知識として増やしてください。

悪いウソを見抜くスキルを高めよう

どうしたらウソを見抜くスキルを高めることができるでしょうか。あなたでもできるいくつかの方法を紹介します。

◆人に興味を持つ

そもそもウソをつくのは人間ですから、人間に興味を持たないといけません。人間が嫌いだったり、人間に興味がないと、ウソを見抜くことができないのです。人は、年齢、性別、出生地、居住地、職種、役職、家族構成、趣味など、本当に千差万別です。そこで、たくさんの方と接し、たくさん話をして、思考や行動原理を学びましょう。

ちなみに私は、警察時代から今までに数万人と会っています。これだけの人間と接すると、人をタイプ（性格）別に分類できるようになります。

つまり、「この人はあの人に似ているから、きっと性格も細かくて、約束にもうるさいタイプだろう」と、**ある程度の特徴を先読みして、コミュニケーションを図れるようになる**のです。一種のプロファイリングと言えるでしょう。

例えば、会社に営業マンが飛び込みできた場合は、次のようにやります。

まずは、外見から分析します。年齢40代半ばくらいで、ワイシャツはよれよれ。髭が少し伸びて、日焼けした顔。不潔というほどではないが、清潔感はなく、どちらかというと好感の持てるタイプではない。

私は過去のリストから「あの人かな？」「いやあの人に似てるかな？」と一致するような人物を引っ張り出して照合していきます。

少し話をしていくと、さらに分析が進み、「たぶんルーズな人だな？」「約束を守れるタイプでもないな？」などと、先読みしていけるわけです。

これができると、人間関係で同じ失敗をしなくてすみますし、踏み込むところを間違うこともありません。

もちろん事前に想像したタイプと違う場合もありますが、ほぼ読み通りのことが多いです。

まずはたくさんの人間と会って話をして、数々の情報をインプットすることをオススメします。

◆電車内の人間観察

刑事はいろんな場面で人間心理を読むトレーニングをしています。そのひとつが電車内の人間観察です。

電車に乗るといろんな人がいます。スマホをいじるサラリーマン、子連れの主婦、ジャニーズの話題で盛り上がる女子高生、資格試験の参考書で勉強する中年男性……。

電車内の席が埋まっていたら、人物観察をして誰が一番先に降りるかを推測するトレーニングをしてみましょう。

まずは**乗客の服装、持ち物から推測**してみます。

少し先の駅に大きなビジネス街があれば、あなたの前にいるサラリーマン風の男性はその駅で降りる可能性があります。また作業服を着て大きなバックを抱えている男性は、大規模開発をしている場所がある隣の駅で降りるかもしれません。

仕草や態度にも注目することが大事です。

椅子に浅く座っている主婦は次の駅で降りるかもしれません。椅子にゆったり座り、眠りこけているサラリーマンは終点まで行くのかもしれません。

推理するヒントはいろんなところにあります。そうやって洞察力や観察力を磨き、人の行動原理を知り、心理を読む訓練をするのです。


先日、電車の中である人に注目していると、窓の外ばかり気にしていました。今日はこれから雨の予報です。他の乗客を見るとほとんどの方が傘を持っていました。そして窓の外を見ているその人を見ると手に傘は持っていません。もしかするとこれから外回りをするので「雨が降らないといいな」とか「傘をどうしようかな」と考えているのではないかと推測しました。

つまり、目の動きとその他周囲の情報を合わせると、そのときの感情が推察できるのです。

そのあと、窓の外はポツポツと雨が窓に当たる音が聞こえてきました。するとその方は一言つぶやきました。「あー最悪」。

このように**人間の仕草、動作には次の行動や、そのときの気持ちを物語るヒントがたくさん隠されている**わけです。ですから、よく注目して観察すると、人間の心理は推察できます。

ただし、あまり見すぎて怖いお兄さんに怒られたり、女性に通報されないように気をつけてくださいね。

◆カードゲーム「人狼」

「人狼」という実際にウソを見抜くカードゲームがあります。

人狼は、ヨーロッパで生まれた伝統的なゲームです。世界中に広がり、欧米などでルールや対象が変化して現在も行われています。日本でも数年前に深夜番組で放送され、ブレイクしました。

このゲームは実際にウソをつく場面を作り出して、プレイヤー同士がコミュニケーションをとり、心理を見抜いていきます。ですから、実際にウソを見抜くトレーニングになります。

実は私、以前から大手婚活会社の婚活パーティで、人狼のファシリテーターをしています。つまり人狼のプロの司会者なのです。ゲーム数も千回以上はこなしています。また、このゲームをワークとした企業研修も行っています。

人狼を知らない方のために、簡単にルールを説明します。

プレイヤーはそれぞれが「村人」と「村人に化けた人狼」となり、自分自身の正体がばれないように他のプレイヤーと交渉して正体を探ります。

ゲームは半日単位で進行し、昼のターンは、全プレイヤーの投票の多数決で人狼だと思われるプレーヤーがひとり決まり処刑されます。夜のターンは、人狼が村人のひとりを指定して襲撃します。

村人が人狼を見つけ出して処刑すれば、村は平和になるので村人の勝ち、村人が人狼を見つけ出せないと、村人は全員襲撃されてしまうので人狼の勝ちとなります。

プレイヤーは人狼容疑者に「あなたが人狼じゃないの？」「いやあなたの態度はおかしいからやっぱり人狼でしょ？」などと質問し、全員がコミュニケーションをとりながらゲームは進行します。

このゲームをすると、コミュニケーションが人が生活していく上での潤滑油だということがよくわかります。ゲームを通してプレイヤー同士がとっても仲良くなりますし、その人の人間性も垣間見えたりするのです。

このゲームを傍から見ていると、プレイヤーのこんなことがわかります。

・頭の回転の良さ（逆に悪さもわかる）
・コミュニケーション能力
・素直さや腹黒さ
・記憶力
・協調性

私が行っている研修ではこの人狼を使い、ウソを見抜くためのワークとして活用しています。

また、人狼のルール、効果を教え、ファシリテーターを育てるための研修も行っています。会社にファシリテーターがひとりいれば、研修後に職場などで継続的に行うことができます。

会社内で行うと参加者はコミュニケーションをとることの重要性がわかりますし、同僚の今まで見たことのない素顔を見ることもでき親近感が湧きます。

私はなるべく社長や幹部にもゲームに参加してもらって、社員に素顔を見てもらうことをオススメしています。社員が社長に親近感を持ち、人間性を知ってくれると仕事もスムーズに進むからです。

部下とのコミュニケーションに悩む方は、部下と一緒に人狼を体験するといいでしょう。

ウソつき、詐欺師の特徴

私は刑事時代にいろんな詐欺師を取調べしました。年齢もさまざまですし、手口も保険金詐欺、寸借詐欺、無銭飲食、職権詐欺などさまざまです。実はウソつきや詐欺師には、特有の特徴があります。

・口がうまい

饒舌です。口から生まれたのではないかと思うくらい、とにかくよく話すのが詐欺師です。よく話す人がいたら注意してください。

・しゃべりが早い、理屈っぽい

テンポよく早口で話します。相手に冷静に考えさせないためです。また会話をしていても、何か理屈っぽい感じがするのが特徴です。

・コミュニケーション能力が高い

人を騙すにはコミュニケーション能力が秀でていないと不可能です。人の信頼を得るために気さくに、優しく、フレンドリーに接します。

・「絶対」「必ず」を多用する

「絶対に儲かります」「必ず儲けさせますよ」と結果を強調するのは、常套《じょうとう》手段です。何の不安も抱かせないように自信満々で答えるので信用してしまうのです。

・エサを与えてその気にさせる

おいしい話（エサ）を目の前にぶら下げてその気にさせておいて、違う投資話などで騙します。

・期限を決めて結論を急かす

「今日中に契約して頂ければ間違いないです」「早めにハンコ押してください」と期限を決めて結論を急かすのも手口です。お得感を出して期限内の契約を勧めます。

これらが特徴ですが、**特に覚えておいて欲しいのは「よく話す」ということ**です。

黙っている時間よりも、話している時間が圧倒的に長いのです。そして黙って聞いていると、何の話をしているのかわからないくらい、話がコロコロ変わったりします。

なぜかというと、相手に冷静に考える時間を与えないためです。相手が考えはじめると不審な点や矛盾点に気づくかもしれません。だから、話し続けます。そして、**質問してもすぐに答えずに誤魔化します。**

さらに、「もう話が終わらないかな」と思いはじめても、相手は話し続けます。そんな風に聞かされ続けると、だんだん正確な判断能力が失われていきます。そうすると、なんとなくわかった情報だけで

判断することになります。

そして騙されるのです。

だいぶ以前ですが、あるビジネスをしている方に呼ばれてお話を聞きにいきました。「森さんにいいと思いますよ」と私のメリットになるような投資話でしたので、とりあえず会って聞くことにしたのです。

その方とは久々にお会いしたのですが、会うなりとにかくよく話します。自分のこと、人のこと、本題に入るまでが長いのです。

やっと本題に入ったと思ったら、そこからもいろいろ話すわけです。途中の私の質問には明確には答えません。私としてはモヤモヤする気分だけが残ります。

話を聞いていると結局、私のメリットよりも相手のメリットの方が大きいということがわかってきました。私は話の本質を見抜きながら黙って聞いていたので、そんな判断をしたのです。**たくさん与えられる情報の中で、どこに話の本質があるのかを考えながら聞くと、騙されません。**

そして逆に私がいろいろと質問していくと、答えに詰まるようになり「いやね、森さんね、本当のことを言うとね……」と話しはじめたのです。

「本当のことを言うと」、これは話の信用性を高めるための言動のウソのサインです。

「じゃあ今までの話は本当の話ではなかったのか?」と思いましたが、黙って聞き続け、最終的にはお断りしたのです。

知っている方なのでまさか私を騙すことはないと思いましたが、詐欺師のテクニックにとても似ていました。

これは苦笑いの出来事でしたが、とにかくよく話す人には注意が必要です。

危ない会社（人）には「3点離脱法」

ビジネスをする上で相手に「違和感」を感じることがあると思います。その違和感を大事にすることが騙されないコツでもあります。

それは業種によっても違うと思いますし、ビジネス経験によっても変わってくるはずです。しかし、人間は生まれながら直感が働きますから「何かおかしいな」と感じたら危険を回避しましょう。

違和感を1点（カ所）感じたら「注意」、2点感じたら「要注意」、3点感じたら「離脱」です。

離脱する際には、相手に気づかれずにうまく取引をやめることが大事です。

では、違和感とは何でしょうか？

私が言う「違和感」をいくつか紹介します。

・礼儀がない

私はビジネスに友人関係は持ち込まないようにしています。

つまり、ビジネスで親しくなっても、友達にはならないということです。「親しき中にも礼儀あり」と言います。つまり親しくなりすぎると、礼儀がなくなる可能性があるのです。

それは仕事にも影響します。ビジネスではきっちりした線引きが必要で、なぁなぁではできません。

また、私も経営者ですので、それなりの扱われ方や受けるべき礼儀もあると思うのです。当然ですが、私も相手に失礼のない対応をすることを心がけています。

ですから、友達でもないのに友達のような要求をされたり、無理を言われたり、変に馴れ馴れしくされたりすると違和感を感じます。

・常識がない人

社会人としての常識に乏しい人がいます。

例えば、セミナーに参加申し込みをしながら連絡もなく欠席する人。当日キャンセルはできないと書いてあるのに、仕事を理由に勝手にキャンセルする人。そもそも仕事は入るものではなく、「入れるもの」です。自分の都合で周りの迷惑を考えないのは、いかがなものでしょうか。

・約束を守らない人

時間を守らない人がいます。時間になってもこない。遅れるとの連絡もない。おまけに遅れてきても謝りもしない。遅れた理由ばかり言い訳している。こんな方がいたら違和感を感じずにはいられません。

時間を守るということは、社会人としての最低限のマナーだからです。

・お金にルーズな人

お金で人の信用は簡単に失います。その重要性を知っていたら、お金の扱いには注意すると思うのです。

特にお金を管理したり、扱う商売をしている人、例えば、税理士、会計士、銀行員の職業の方でもお金にルーズな人がいます。こんな方を信用できないのは当然です。

支払期日をしっかり守る、借りたお金は小さい金でも忘れずに返す、そんな当たり前のことができない人には違和感を感じます。

・公然で人の悪口を平気で言う人

ビジネスには人脈が必要です。実は刑事時代には、人脈をそれほど意識したことはありませんでした。今考えると警察は法に定められた手続きを踏めば、知りたい情報を知ることができます。ですから、そこまで人脈に飢えていなかったのかもしれません。

しかし、民間では「誰と出会うか」によって仕事は大きく変わります。ですから人脈を大事にしている方が非常に多いし、コミュニケーション術も優れた方が多いように思います。

「人の悪口を平気で言う人」は周りに敵が多いと思います。もしかすると、他で自分の悪口も言われている可能性があります。悪口は回り回って自分に返ってきます。つまり、ビジネスにおいて人脈の重要性に気づいていない人であるとも言えます。これは、大きな違和感です。

私はこの「３点離脱法」を使って、離脱したケースがあります。

その方は、ある商売を個人でしている方でした。あることがきっかけで知り合い、そのあとにお仕事を一緒にすることになったのです。

打ち合わせをしていたときのことです。雑談の中で突然、私が知っている社長の悪口を言い出したのです。「あの人は裏で何かおかしなことをしている」という話でした。たまたま私がよく知っている人でしたので「そんなことをする人じゃないけどな……」と思いましたが、そのときは反論せずに聞いていました。これが最初の違和感でした。

そのあと、おつき合いしていく中で、２つ目の違和感がありました。

今度は前回とは違う社長の悪口を言い出したのです。この時点で私は「この人は要注意だな」と感じていました。

そしてしばらくして決定的なことが起こりました。

「ある会社を紹介して欲しい」と頼まれたので、そこの営業マンを紹介したのです。

私としてはその方に良かれと思い、善意で紹介したのですが、結果としては大失敗でした。

紹介した営業マンとたまたま別件で電話をしていて、その方の話を聞いたところ、「無理難題を言われて困っている」ということがわかったのです。「これはしまった、紹介すべきでなかった」と思い、営業マンにはひたすら謝罪しました。

そのあと、その本人に電話をしたところ、「あの営業マンは使えない。紹介した責任があるんだから社長を紹介してくれ」と言われたのです。これには私も驚きました。当然ながらこんな方を社長に紹介することなどできません。丁重にお断りし、そのあとは仕事が忙しいことを理由にやんわりとおつき合いをやめることにしたのです。

まさに3点離脱法を活用した事例でした。なぜ3点で離脱すべきか？　それは**つき合いが長くなればなるほど離脱が困難になる**からです。

このような人や会社と一緒に仕事をしても楽しくありませんし、いつか必ず痛い目に遭います。裏切られたり、騙されたりすることもあるでしょう。

ですから、違和感を感じたら、早め早めに見切りをつけることが大事です。

「本庁と所轄は揉めごとが多い?」

刑事ドラマでよくあるシーン。

「所轄ごときが何言ってるんだ! お前らどんな仕事してるんだ!」と本庁の刑事が所轄の刑事と揉める場面があります。

あれって実際にあるとお思いですか。

答えは、まったくないとは言いませんが、基本的にはないです。


刑事には、警察署の刑事課の刑事である通称「所轄」、道府県警察本部(東京は警視庁)の刑事である通称「本庁」に分かれます。

所轄の刑事は、警察署管内で日々発生する事件を捜査します。しかし、大きな事件が発生すると所轄の刑事だけでは解決できないので、本庁の専門部隊が乗り込んでくるのです。

殺人事件であれば捜査一課、大型詐欺事件であれば捜査二課という感じですかね。刑事ドラマではそこで所轄と本庁のひと悶着があるというストーリーになっています。

通常、応援をもらう側の所轄は会議室を空け、布団を手配したり、仕事をやりやすい環境作りをします。ところが気の利かない所轄もあるので、そこで「おいおい所轄、どうなってんだ?」というイザコザがあるケースもあります。

つまり、捜査方針云々で揉めることより、待遇面で揉めることの方が多いのです。

とはいえ、所轄の刑事も本庁の刑事も顔見知りが多いので、揉めることは少ないと思いますね。

おわりに

最後までお読み頂きありがとうございました。

私は、平成24年8月に約28年勤めた警察を退職し、12月に会社を設立してコンサルタント業をスタートさせました。


私が起業を意識したきっかけは、東日本大震災の救出活動を行ったことでした。

当時、広域緊急援助隊の中隊長だった私は、「人間なんて自分の意思と関係なく簡単に死んでいくもの。生きているうちにもっと挑戦がしたい」と思うようになりました。

また、もともと独立起業という考えが頭の片隅にあったこともあります。

当時は「世の中には安定を求めて公務員になりたい人がたくさんいるのに、自分から辞めるなんて……」という意見もたくさん頂きましたが、あえて私はリスクをとることを選択したのです。


刑事の経験を活かしたビジネスというと、通常は探偵業や警備業が想像されますが、私は誰も予想がつかないビジネスをしたいと考えていました。

そこで刑事の仕事を紐解いて考えたときに思いついたのが、刑事は「コミュニケーションの専門家」ではないかということでした。

日頃から多種多様な人物と接触して仕事をしているため、コミュニケーションスキルはどんな人にも負けないだろうと思ったのです。そしてその中でも、「ウソを見抜くスキル」こそ、もっとも世の中に役に立つスキルであると考えたのです。

当時から全国で特殊詐欺は流行っていましたし、私自身、知能犯担当の刑事として詐欺の被害者をたくさん見てきたからです。

悪いウソを見抜けるようになれば、騙されない人も増える。これが「ウソの見抜き方」を伝えようと思ったきっかけです。

当初は東京や千葉で自主開催セミナーを数多く開催していましたが、そのあと、たくさんの方とご縁があり、その上でチャンスも頂き、全国に講演や研修で伺うようになりました。

多くの経営者やビジネスマンの前でお話ししますが、高齢の参加者ほど興味深く聞いてくれます。

特に経営者からは、「私も今までいろいろな講演は聞いたけど森さんの講演は本当におもしろかったよ」とお褒めの言葉を頂くようになりました。

人間なら誰しもウソをつきます。

つまり、全ての聴講者が実体験で感じていることを体系的に分析してお話しするので「おもしろい」という反応になるのでしょう。私が教える「ウソの見抜き方」は、刑事の実体験に基づく究極の心理学なのです。

皆さんがウソを見抜くスキルを高めてくれたら、騙される人もいなくなります。また、採用面接や商談などで使えば、事業活動にいい影響を及ぼします。

これからも講演や研修などの形で、たくさんの方に伝えていきたいと思います。

さて、出版にあたっては、明日香出版社の久松圭祐さんには大変お世話になりました。

久松さんからは数年前にオファーを頂いたものの、当時の諸事情でお断りした経緯がありました。それにもかかわらず二度目のオファーを頂き、本書が日の目を見ることができたのです。本当に感謝しています。

また、起業当初から出版の相談に乗って頂いた祐川京子さん、やっと出版できました。ありがとうございます。

その他、起業以来、たくさんの方とのご縁を頂き、応援もして頂き本書が完成しました。心から感謝しております。

悪いウソに騙されない安全で安心な世の中になることを切に祈り、これからも微力ながら全力で頑張っていきたいと思います。

2016年9月　森　透匡

参考文献

『マンウォッチング』デズモンド・モリス 著　藤田統 訳（小学館）
『仕草と表情の心理分析』工藤力 著（福村出版）
『交渉に使えるCIA流嘘を見抜くテクニック』フィリップ・ヒューストン
スーザン・カルニセロ　ドン・テナント　マイケル・フロイド著　中原京子訳（創元社）
『FBIトレーナーが教える相手の嘘を99％見抜く方法』ジャニーン・ドライヴァー
マリスカ・ヴァン・アールスト 著　川添 節子 訳（宝島社）
『性犯罪者の頭の中』鈴木伸元 著（幻冬舎）
『営業と詐欺のあいだ』坂口孝則 著（幻冬舎）
『なぜ詐欺師の話に耳を傾けてしまうのか？』多田文明 著（彩図社）

■著者略歴
森　透匡（もり・ゆきまさ）
株式会社 Clearwoods 代表取締役
コミュニケーションコンサルタント
セミナープロデューサー

全米 NLP 協会・日本 NLP 協会認定
NLP プラクティショナー
LAB プロファイル(R)プラクティショナー
日本メンタルヘルス協会基本心理カウンセラー

警察の元警部。主に知能・経済犯担当の刑事を約 20 年経験。

刑事課長、県警本部課長補佐、警察庁（管区）課長補佐などを歴任。

刑事時代には国政選挙などの選挙違反事件、首長や公務員による贈収賄事件、数十億円被害の大型詐欺事件や業務上横領事件など、多数の事件捜査に従事。

政治家、詐欺師、横領犯、銀行幹部や行員など多種多様な人物の取調べや事情聴取を行い、人間心理やウソの見抜き方を体得。

27 年勤めた警察を退職して独立し、刑事時代に培った知識、スキルをビジネスで役立ててもらうために「刑事塾」という学びの場を開講。
「ウソ（人間心理）の見抜き方」を主なテーマに、一部上場企業、大学、商工会議所などから依頼を受け、全国で 200 回に及ぶ講演・セミナー・企業研修を行う。

「究極の心理学だ！」「おもしろい！」と人気を博している。

テレビ朝日「モーニングバード」、フジテレビ「ノンストップ」、読売新聞、日経新聞などメディアへの出演、掲載も多数。

本書の内容に関するお問い合わせ
明日香出版社　編集部
☎(03) 5395-7651

元刑事《もとけいじ》が教《おし》える　ウソと心理《しんり》の見抜《みぬ》き方《かた》

2016 年　9 月　16 日　初 版 発 行
2016 年　10 月　15 日　第 7 刷 発 行

著　者　森《もり》　透《ゆき》匡《まさ》
発行者　石　野　栄　一

明日香出版社
〒112-0005 東京都文京区水道 2-11-5
電話 (03) 5395-7650（代 表）
(03) 5395-7654（FAX）
郵便振替 00150-6-183481
http://www.asuka-g.co.jp

■スタッフ■　編集　小林勝／久松圭祐／古川創一／藤田知子／大久保遥／生内志穂
営業　渡辺久夫／奥本達哉／浜田充弘／平戸基之／野口優／横尾一樹／田中裕也／関山美保子／藤本さやか　財務　早川朋子

印刷　株式会社文昇堂
製本　根本製本株式会社
ISBN 978-4-7569-1854-3 C2036

編集担当　久松圭祐

〈完全版〉
トップ営業マンが使っている買わせる営業心理術

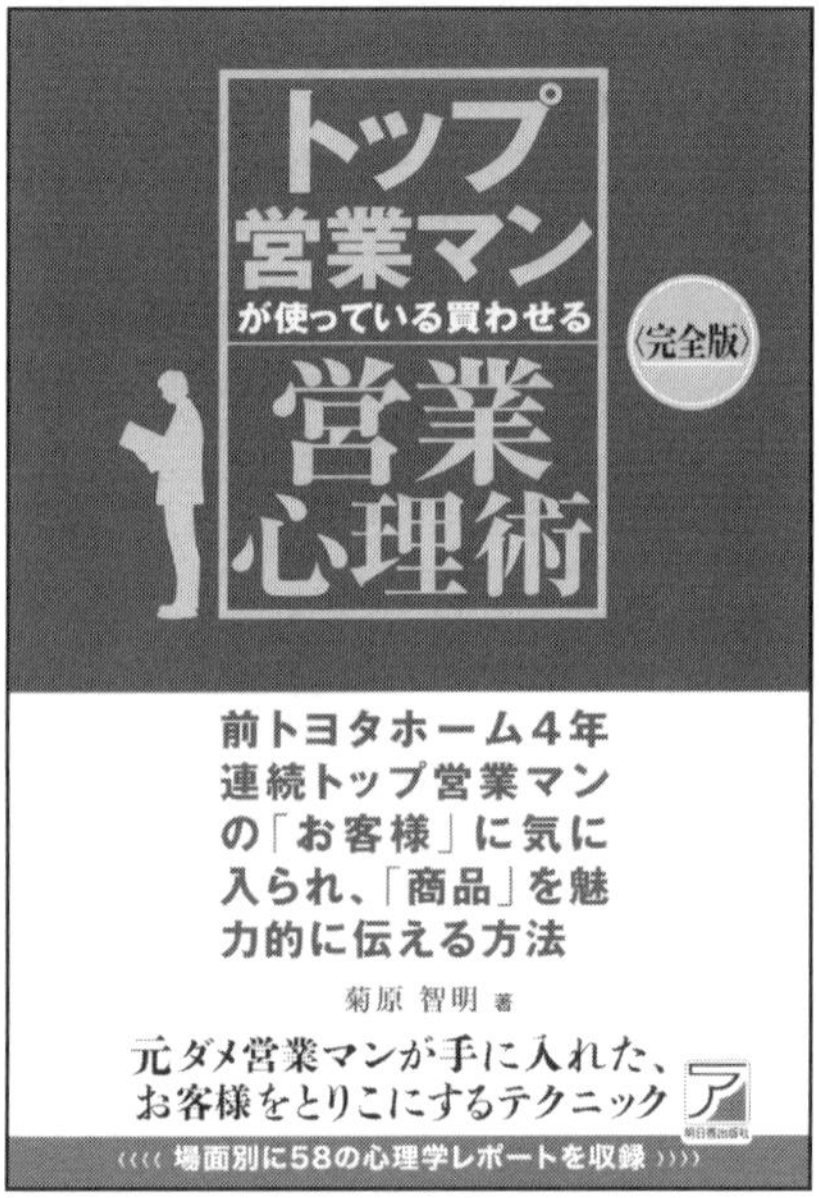

菊原　智明【著】

ISBN978-4-7569-1820-8

B6 並製　272 ページ　本体価格 1600 円＋税

４年連続でトヨタホームのトップ営業に輝いた著者が教える、全 58 項目の営業心理術。どんな状況でも成績のいい営業マンは、人の心を読み、お客様それぞれに合った提案ができます。難しく感じる心理学を簡単に説明し、実際の場面でどのように使えばいいのかを事例をまじえて解説します。